イ・ヒョンジ／キム・リナ［著］

よくわかる

韓国語能力試験

TOPIK II

読解 問題集

スリーエーネットワーク

目次

別冊

模擬試験

第1回模擬試験

第2回模擬試験

付録　解答用紙

本書について

1. 構成と内容

本書は「韓国語能力試験（TOPIK）Ⅱ読解」の50問を8つのタイプ別に分類した練習問題と模擬試験（2回分）が収録されています。

2. 学習方法

8つの問題タイプ　練習問題

読解パートのさまざまなタイプに問題に応じた対策が示されています。模擬試験に挑む前に、まずはこの練習問題を解くことをおすすめします。

模擬試験

模擬試験は2回分が収録されています。本番と同じ制限時間（70分）で取り組みましょう。答え合わせの後は、間違えた問題の訳・解説をしっかり読み、間違えた原因や解答ポイントをしっかりと把握するとよいでしょう。間違いノートなどを作成することもおすすめです。

3. 留意点

本書は韓国 Hangeul Park 出版社から2022年に発行された〈COOL TOPIK Ⅱ 읽기〉の Part 1 연습문제（練習問題）、Part 4 실전 모의고사（実戦模擬試験）を日本の読者向けに編集して発行するものです。日本語訳は、日本の読者向けに理解しやすいよう、元の韓国語の文から一部表現を変えているところがあります。

また、本書は<u>第64回までの過去問の傾向</u>を参考に制作されています。

8つの問題タイプ

練習問題

〈タイプ①〉は提示された文の空欄に入る適切な文法表現や、下線部と置き換えられる文法表現を選ぶ問題です。下線部と最も似ているものや同じ意味のものを選ぶ問題では、多様な韓国語文法の知識が必要です。

〈タイプ①〉の質問項目
1 空欄に入る文法表現を選ぶ［問題1-2］
2 下線部と似た文法表現を選ぶ［問題3-4］

練習問題

1 空欄に入る文法表現を選ぶ［問題1-2］
[1-4] (　　　)에 들어갈 가장 알맞은 것을 고르십시오.

1. 주말에 가족들과 함께 새로 생긴 식당에서 밥을 (　　　).
① 먹기로 했다
② 먹는 중이다
③ 먹는 편이다
④ 먹는다고 본다

2. 동생이 밤 12시가 (　　　) 오지 않아서 걱정이다.
① 넘지만
② 넘어야
③ 넘도록
④ 넘거든

3. 과일 가게에서 사과를 싸게 (   ) 10개나 샀다.
① 팔 텐데
② 팔길래
③ 파느라고
④ 팔기는 하지만

4. 일주일에 영화를 5편 정도 보니까 자주 (   ).
① 보는 법이다
② 보는 중이다
③ 본 적이 있다
④ 본다고 할 수 있다

② 下線部と似た文法表現を選ぶ〔問題3-4〕
[1-4] 밑줄 친 부분과 의미가 비슷한 것을 고르십시오.

1. 오늘 버스를 <u>놓치는 바람에</u> 지각했다.
① 놓친 탓에
② 놓치는 김에
③ 놓치는 대신
④ 놓치는 대로

2. 오늘 한 시간 동안 걸어서 학교에 갔으니까 <u>운동한 거나 마찬가지이다</u>.
① 운동한 셈이다
② 운동한 탓이다
③ 운동하기 마련이다
④ 운동하기 나름이다

3. 주말에 집에만 <u>있을 게 아니라</u> 공원에서 산책하는 게 어때요?
① 있는 동안
② 있지 말고
③ 있는 데다가
④ 있다가 보면

4. 성공은 <u>노력하기에 달려 있다</u>.
① 노력할 모양이다
② 노력할 따름이다
③ 노력하기 나름이다
④ 노력하기 십상이다

タイプ② 適切な主題を選ぶ

〈タイプ②〉は広告や案内文のような短い文や、人文、社会、科学といった幅広いテーマの文章の主題を選ぶ問題です。

〈タイプ②〉の質問項目
1 主題語を選ぶ［**問題5-8**］
2 主題文を選ぶ 1 ［**問題35-38**］
3 主題文を選ぶ 2 ［**問題44**］

 練習問題

1 主題語を選ぶ［**問題5-8**］
[1-4] 다음은 무엇에 대한 글인지 고르십시오.

1.

하루에 필요한 영양이 한 병에 쏙~
내 몸에 필요한 채소를 매일 아침 마셔요.

① 과자　　② 주스　　③ 우유　　④ 커피

2.

의류부터 가전까지 파격적인 *가격 인하!*
올해 마지막 기회를 놓치지 마세요!

① 사진관　　② 편의점　　③ 백화점　　④ 영화관

3.

> 내가 버린 작은 불씨
> 자연도 사람도, 모두의 생명을 앗아갑니다.

① 화재 예방   ② 건강 관리   ③ 날씨 정보   ④ 자연 보호

4.

> ※ 반드시 식간에 복용해야 합니다.
> ※ 약을 복용한 후 4시간 이상 텀을 두고 다음 약을 드셔야 합니다.

① 상품 소개   ② 장소 문의   ③ 사용 순서   ④ 주의 사항

2 主題文を選ぶ 1 ［問題35-38］

[1-4] 다음 글의 주제로 가장 알맞은 것을 고르십시오.

1.

> 세탁 세제를 넉넉하게 넣으면 평소보다 깔끔하고 깨끗하게 빨래가 될듯한 기분이 든다. 하지만 이는 우리의 희망 사항에 지나지 않는다. 정량보다 많은 양의 세제를 넣어도 세정력에는 큰 차이가 없다. 오히려 깨끗하게 헹궈지지 않아 세탁물에 세제가 남을 수 있으며, 이로 인해 섬유가 훼손되거나 변색을 일으킬 수 있다. 따라서 과한 욕심을 버리고 세제에 제시된 적정량을 지키는 것이 가장 깨끗하게 빨래를 하는 방법이다.

① 세탁 세제는 사용량에 따라 세정력의 차이가 크게 나타난다.
② 세탁물을 충분히 헹구지 않으면 섬유가 손상되어 망가질 수 있다.
③ 깨끗한 빨래를 위한 최선의 방법은 세탁물의 양에 맞게 세제를 넣는 것이다.
④ 섬유 훼손과 변색을 막기 위해서는 상품 지침에 맞는 세제를 사용해야 한다.

2.

> 다른 사람에게 칭찬을 들으면 간결하게 '고맙습니다'라고 하는 사람보다 '아니에요'라고 칭찬의 내용을 부정하는 사람들이 많다. 상대의 말에 진심으로 공감을 하지 못해서라기보다 왜인지 아니라고 해야 겸손한 사람인 것 같고 너무 빨리 납득하면 거만해 보일 듯해서 쉽사리 '고맙다'라고 하지 못한다. 그러나 타인의 칭찬에 어떻게 반응해야 할지 복잡하게 생각할 필요는 없다. 순수한 마음으로 칭찬을 받아들인 후 미소와 함께 감사를 표하면 말한 이도 자신의 칭찬이 상대를 기쁘게 했다는 사실에 함께 기뻐할 수 있을 것이다.

① 칭찬을 쉽게 받아들이지 못하는 것은 인간의 기본적인 습성이다.
② 타인의 칭찬을 있는 그대로 받아들이고 감사를 전하는 것이 좋다.
③ 칭찬을 받았을 때는 거만해 보이지 않도록 겸손하게 행동해야 한다.
④ 상대방에게 감사를 표할 때는 말뿐만 아니라 행동으로 보여줘야 한다.

3.

> 누군가에게 잘못을 했을 때, 상대방의 마음을 풀기 위해 무작정 미안하다는 말만 반복하는 사람들이 있다. 그러나 타인의 마음을 헤아리지 못한 채 순간의 상황만 모면하려는 사과는 진심이 전해지지 않거니와 상대를 더욱 화나게 할 뿐이다. 먼저 상대방이 화를 내는 이유를 충분히 이해하고 있으며 자신이 상대의 입장에서 문제를 바라보고 있음을 전해야 한다. 그리고 앞으로 같은 일이 일어나지 않도록 구체적으로 어떤 대책을 세울지 설명하는 것이 좋다. 순간을 모면하려 하지 말고 지금의 상황에 얼마나 진심으로 임하고 있는지를 표현해야 상대의 마음을 움직일 수 있다.

① 미안하다는 말을 반복하면 신빙성이 떨어져 진심이 전해지지 않는다.
② 충분한 공감과 자기 반성으로 상대가 납득할 수 있도록 사과해야 한다.
③ 말로 사과를 하기 전에 행동으로써 반성하는 모습을 보이는 것이 중요하다.
④ 상대방을 진심으로 이해할 수 없어도 공감하고 있는 듯한 태도를 취해야 한다.

4.

> 직장에서 직급으로 불리던 호칭을 없애고 이름이나 별명을 부르는 회사가 늘고 있다. 직급에서 느껴지는 거리감이나 수직적인 사내 분위기 때문에 서로의 의견을 온전히 공유하기 어렵다는 의견에서 비롯된 움직임이다. 그러나 예상외로 이름으로 서로를 부르는 새로운 흐름에 직급이 높은 직원들이 만족감을 표하고 젊은 직원들은 심적인 부담을 느끼는 것으로 나타났다. 호칭만 바뀌었을 뿐, 직급의 힘으로 아랫사람들의 의견을 무시하는 경향이 그대로 남아있어 문제 개선은 이루어지지 않은 채 어색하게 이름을 불러야 하는 고통만 가중됐다는 것이다. 형식만 바뀌고 인식의 변화가 뒷받침되지 않은 결과이다.

① 직급을 없애고 모두 동일한 평사원으로 근무 형식을 바꾼 회사가 늘었다.
② 직장의 새로운 호칭 문화에 적응하고자 노력하는 기성세대들이 급증하고 있다.
③ 상사를 이름으로 불러야 하는 방식에 적응하지 못한 사원들의 심리적 고충이 크다.
④ 직장 내 수직적인 분위기를 개선하기 위해서는 사원들의 인식이 먼저 바뀌어야 한다.

③ 主題文を選ぶ 2 ［問題44］
[1-4] 다음 글의 주제로 가장 알맞은 것을 고르십시오.

1.

> 일상의 소소한 행복을 추구하는 젊은 층이 많아지며, 이들 사이에서 단 음식으로 스트레스를 푸는 것은 새로운 유행이 되었다. 이와 같은 흐름에 맞추어 달콤함을 강조한 음료나, 과자, 디저트 등이 불티나듯 팔리고 있는데 식품 업계뿐 아니라 빵집, 카페 등 개인 사업자가 운영하는 매장에서도 누가 더 단 음식을 파는가 경쟁하듯 달콤함을 주력으로 내놓은 상품들이 쏟아져 나오고 있다. 이러한 음식들을 한두 번 섭취했다고 해서 건강이 급격히 나빠지지는 않지만 나이에 상관없이 당을 과도하게 섭취할 경우 성인병을 유발할 가능성이 커진다. 따라서 개개인이 건강한 식습관에 대한 올바른 인식을 가지고 적

절한 양의 당을 섭취하는 것도 중요하지만 무엇보다 이익 창출에만 눈이 멀어 건강에 치명적인 단 음식을 하나의 유행처럼 조장하는 사회 분위기에 제동을 걸어야 할 것이다.

① 디저트로 일상의 소소한 행복을 느끼는 젊은이가 늘었다.
② 사회 전반에 거쳐 단 음식에 대한 위험성이 인지되어야 한다.
③ 달콤함을 강조하는 상품의 과대광고에 제약을 마련해야 한다.
④ 단 음식의 적정 섭취량을 기업에서 대대적으로 공표해야 한다.

2.

　여학생은 치마, 남학생은 바지. 마치 절대 불변의 공식처럼 존재하던 교복의 고정관념을 타파하려는 움직임이 전국 각지에서 일어나고 있다. 청소년들이 영하의 날씨에도 반드시 치마를 입어야 하고, 한여름에도 긴 바지를 입어야 하는 정당성은 어디에도 없다. 이에 자율성과 다양성을 존중하여 성별의 구분 없이 학생들이 입고 싶은 교복을 선택하고, 때에 따라서는 등하교 시 체육복을 입는 것을 허용하는 학교가 증가하는 현황이다. 물론 교복을 통해 학교의 소속감을 느끼고 모교의 학생이라는 자부심을 가질 수도 있다. 그러나 이를 구체적으로 규율화하여 학생들에게서 필요 이상의 자유를 뺏는 순간, 교복의 근본적인 존재 이유는 사라지고 무엇을 위한 제도인가에 대해 의문을 던지게 된다. 더이상 교복의 정의는 학교의 전통, 학생으로서의 단정함을 요구하는 제복이 아니라 자라나는 청소년들이 마음 편히 학교생활을 할 수 있도록 돕는 날개로 바뀌어야 할 것이다.

① 교복의 디자인을 다양화함으로써 학생들의 다양성을 인정하고 있다.
② 청소년기에 교복을 입음으로써 소속감과 공동체 의식을 기를 수 있다.
③ 계절감을 고려한 교복 제도를 마련하기 위해 신속한 대응이 이루어져야 한다.
④ 교복에 대한 형식적인 규율에 집착하지 말고 학생들의 자율성을 인정해야 한다.

3.

다양한 매체를 통해 바쁜 현대인의 삶에서 '나만의 시간'을 갖는 소중함이 강조되고 있다. 그러나 월요일부터 금요일까지 쉴 새 없이 일하는 요즘 사람들에게 누구한테도 방해받지 않고 온전히 나만의 시간을 마련하기란 좀처럼 쉬운 일이 아니다. 이에 새벽 시간을 활용하여 취미 활동, 운동, 공부 등을 즐기는 사람들이 늘고 있다. 대중교통 첫차가 움직이는 시간 즈음 일어나, 출근 전에 조용히 홀로 다양한 활동을 하며 나만의 시간을 만끽한 후 회사로 향하는 것이다. 그러나 이 세상의 모든 사람이 아침형 인간일 수 없기에 오히려 새벽 시간을 활용한 후, 급격한 피로감을 느끼거나 '나는 왜 다른 사람들처럼 더 부지런하지 못하는가'라고 자책하는 사람들이 급증하고 있다. '나만의 시간'을 확보하기에 앞서 가장 먼저 해야 할 일은 스스로 무리하지 않고 즐길 수 있는 시간을 탐색하는 것이며 그 시간대를 쪼개서 나에게 맞는 보상을 주어야 한다. 사회 곳곳에서 추천하고 열풍처럼 번진 방법이라고 해서 반드시 나에게도 적합할 것이란 보장은 없다. 그러므로 새벽형 인간, 아침형 인간이 절대적으로 옳다는 생각을 내려놓고 내 몸이 받아들일 수 있는 나만의 시계를 차분히 들여다보아야 한다.

① 각자에게 가장 맞는 시간대를 찾아 개인 시간으로 활용하는 것이 좋다.
② 아침형 인간을 강조하는 매체에 현혹되어 무리를 하면 건강에 지장을 준다.
③ 새벽 시간대를 적극적으로 활용하면 직장인이라도 시간을 유용하게 쓸 수 있다.
④ 개인적인 시간을 확보하지 못하여 심적 부담을 토로하는 현대인들이 늘고 있다.

4.

일정 기간 계획적으로 운동을 하고 만족스러운 몸매가 된 것을 자축하듯 기념사진을 촬영하는 사람들이 늘고 있다. 단순하게 생각하면 운동을 하고 좋은 성과를 얻어 사진으로 남기는 것에 아무 문제가 없는 듯 보인다. 하지만 실상은 이와 같은 기념사진을 찍기 위해서 혹독한 식단 조절과 운동을 병행하게 된다. 여기에서 가장 큰 문제는 찰나의 아름다움을 위해 극단적으로 체중을 감량하면 이전의 몸무게로 돌아가는 요요 현상뿐만 아니라 신진대사의 체계를 무너뜨리는 심각한 부작용을 떠안을 수 있다는 점이다. 결국, 날씬하고 아름다운 몸매는 사진으로만 남고 실질적으로는 건강을 해치는 경우가 많다. 그럼에도 불구하고 이와 같은 기이한 현상이 자기만족이라는 이름으로 젊은이들 사이에서 유행하고 있다. 더욱이 체중 감량 기념사진은 아름다운 몸이란 마르고 탄탄해야 한다는 강박관념을 생산한다. 타인에게 보여 주기 위한 사진 한 장을 찍고자 우리의 건강을 담보로 삼기에는 잃는 것이 너무 많다. 진정으로 건강한 몸과 정신이 무엇인지 깊게 생각해보아야 할 때이다.

① 건강 관리를 소홀하게 하는 젊은 층이 급격하게 늘어났다.
② 과도한 촬영 비용을 요구하는 기념사진 업체를 규탄해야 한다.
③ 짧은 기간 동안 강도 높은 운동을 반복하면 건강에 치명적일 수 있다.
④ 외적인 아름다움만을 추구하기보다 내면과 외면의 건강 관리에 힘써야 한다.

タイプ③ 文章と同じ内容を選ぶ

〈タイプ③〉は資料や文章を読み、4つの選択肢の中からその内容と一致するものを選ぶことで、資料や文章の内容を正確に理解したかを確認するタイプの問題です。このタイプに該当する問題は、9-12、20、24、32-34、43、47です。9-12は文や図表などの多様な資料、32-34は語彙の難易度が高い説明文形式の文章を読みます。20、47は論説文や説明文、24、43は小説やエッセイなどの文学作品で、これらは他のタイプの問題と一緒に出題されます。

〈タイプ③〉の質問項目
1 資料の内容と一致するものを選ぶ［問題9-12］
2 文章の内容と一致するものを選ぶ 1［問題20］
3 文章の内容と一致するものを選ぶ 2［問題24］
4 文章の内容と一致するものを選ぶ 3［問題32-34］
5 文章の内容と一致するものを選ぶ 4［問題43］
6 文章の内容と一致するものを選ぶ 5［問題47］

✎ 練習問題

1 資料の内容と一致するものを選ぶ［問題9-12］
[1-4] 글 또는 그래프의 내용과 같은 것을 고르십시오.

1.

제22회 외국인 노래 대회

■ 행사 일정 : 2022년 5월 28일(토)
■ 장소 : 중앙 공원 앞 광장
■ 신청 기간 : 2022년 5월 23일(월) ~ 5월 28일(토)

※ 노래 대회 참가를 원하시는 분은 대회 당일 현장 접수도 가능하고, 홈페이지에서도 온라인 접수가 가능합니다.

① 대회는 올해 처음 열린다.
② 대회는 5일 동안 진행된다.
③ 홈페이지에서만 접수가 가능하다.
④ 대회 당일에도 참가 신청을 할 수 있다.

2.

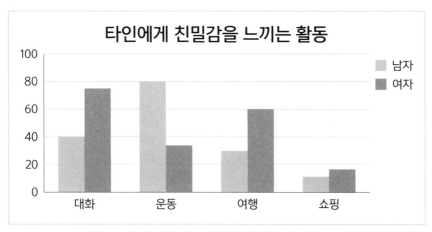

① 여자는 여행을 통해 친밀감을 가장 많이 느낀다.
② 대화를 통해 남녀 모두 친밀감을 가장 많이 느낀다.
③ 남녀 모두 쇼핑을 통해 친밀감을 느끼는 경우가 가장 적다.
④ 남자는 운동보다 대화를 할 때 타인과 친밀감을 더 많이 느낀다.

3.

> 아침에 바쁘고 피곤하다는 이유로 아침 식사를 하지 않는 사람이 많다. 식사하지 않은 채로 출근하거나 집안일을 하면 건강에 좋지 않다. 이는 점심 과식의 원인이 되어서 다이어트에도 악영향을 미친다. 바쁜 아침에는 삶은 달걀과 브로콜리가 간편하고 각종 영양소들을 빠르게 섭취할 수 있는 건강한 아침 식사가 될 수 있다. 전날 달걀을 삶아 놓고 브로콜리를 데쳐서 준비해 놓으면 아침에 번거롭지 않게 건강한 식사를 할 수 있을 것이다.

① 아침을 먹지 않는 것은 다이어트에 도움이 된다.
② 바쁜 아침에는 식사하지 않아도 건강에 영향이 없다.
③ 삶은 달걀과 브로콜리로 준비하는 아침은 준비 과정이 어렵다.
④ 아침을 먹지 않으면 점심 때 지나치게 많이 먹을 가능성이 있다.

4.

> '글루텐'이라는 단백질 때문에 밀가루 음식만 먹으면 속이 더부룩해지는 사람이 있다. 이 단백질은 밀가루를 반죽하는 과정에서 생기는 단백질로 쫄깃한 질감을 만든다. 글루텐을 소화시키는 효소가 없거나 부족한 사람은 글루텐을 먹었을 때 두통, 소화불량부터 심하면 알레르기 반응까지 생길 수 있다. 이렇게 글루텐을 소화시키기 어려운 사람들은 글루텐 프리 식품이나 통곡물 등으로 대체하는 것이 좋다. 밀가루 음식을 끊게 되면 부종이 빠지는 효과도 볼 수 있다.

① 글루텐이 들어간 밀가루 음식을 먹으면 속이 편안해진다.
② 모든 사람들의 몸 속에는 글루텐을 소화시키는 효소가 많다.
③ 글루텐을 먹고 머리가 아프거나 소화가 안 되는 사람들도 있다.
④ 글루텐을 잘 소화시키지 못하는 사람들은 밀가루 음식을 먹는 것이 좋다.

2 文章の内容と一致するものを選ぶ 1 ［問題20］

[1-4] 글의 내용과 같은 것을 고르십시오.

1.

> 살을 빼기 위해서는 소비하는 칼로리가 섭취하는 칼로리보다 많아야 한다. 많은 사람들은 소비 칼로리를 늘리기 위해 운동하는 게 도움이 된다고 생각한다. 하지만 운동을 통한 에너지 소모량은 생각보다 크지 않아서 운동만으로 살을 빼는 것은 굉장히 어려운 일이다. 이러한 이유로 소비 칼로리를 늘림과 동시에 섭취 칼로리를 줄이는 것도 중요하다. 평소 섭취 칼로리의 20%를 적게 먹고 요요 현상이 오지 않도록 운동을 하는 것이 살을 빼는 데 가장 효과적이다.

① 살을 뺄 때는 섭취하는 칼로리가 많아야 한다.
② 평소 소비 칼로리의 20%를 늘려야 다이어트에 도움이 된다.
③ 소비 칼로리와 섭취 칼로리 모두 체중 감량에 중요한 요소이다.
④ 운동을 해서 소비 칼로리를 늘리기만 하면 체중을 줄일 수 있다.

2.

> 누구나 조용한 장소에서 배에서 나는 꼬르륵 소리 때문에 민망했던 경험이 있을 것이다. 이 꼬르륵 소리를 '장음'이라고 하는데 장음은 섭취한 음식물과 공기가 장을 통과하면서 소리가 발생하는 정상적인 현상이다. 그러나 옆 사람이 들을 수 있을 만큼 큰 소리가 나거나 때를 가리지 않고 너무 자주 물소리, 공기 소리가 나게 되면 불편함을 느끼게 된다. 이렇게 과도한 장음이 생기는 현상을 '장음항진증'이라고 한다. 이 증세는 여러 질환의 신호가 될 수 있기 때문에 평소 배에서 소리가 크게 자주 나는 편이라면 증상을 잘 살펴보아야 한다.

① 장음은 조용한 장소에서만 들을 수 있다.
② 배에서 소리가 나는 것은 특별한 현상이다.
③ 장음항진증이라고 의심이 되면 진찰을 받는 것이 좋다.
④ 장음은 섭취한 음식물이 소화되지 않을 때 나는 소리이다.

3.

유리창이 햇빛을 받아 스스로 전기를 생산하고 빛의 밝기를 조절하는 기능성 필름이 개발되었다. 눈에 보이지 않지만 이 기능성 필름 안에 유기물로 된 반도체가 전기를 만든다. 이렇게 생산된 전기는 소형 가습기를 작동시키고 휴대 전화 충전도 가능하게 한다. 전기 생산의 효율성도 크게 높이며 필름으로 만들었기 때문에 유연성을 높여 많은 주목을 받고 있다. 기존의 실리콘과 같은 무기질 소재는 평면에만 쓸 수 있었으나 이 필름은 자동차와 비행기 유리창 같은 다양한 곡면에서도 활용될 수 있을 것으로 기대된다.

① 실리콘 소재는 다양한 곡면에서 활용할 수 있다.
② 기능성 필름은 햇빛을 이용하여 전기를 생산한다.
③ 기능성 필름은 전기를 생산하는 과정을 눈으로 볼 수 있다.
④ 기능성 필름은 일반 창문과 같은 평면에서만 사용할 수 있다.

4.

최근 들어 아이들에게 잠재되어 있는 창의력과 상상력을 이끌어내고자 미술 교육을 접하는 부모들이 많아지고 있다. 미술 활동은 유아기의 아이들에게 상당한 영향을 준다. 아이들은 미술을 통해 자신의 생각과 감정뿐만 아니라 욕구와 에너지를 표출한다. 뿐만 아니라 그림을 그리기 전에 관찰을 위한 집중력과 기발한 발상을 하게 만드는 창의력, 손 감각의 발달 등 다양한 방면으로 성장하게 된다. 이러한 장점들이 있기 때문에 아이들은 건강한 발달을 위하여 어릴 때부터 미술을 접하게 하는 것이 좋다.

① 요즘 부모들은 아이들의 미술 교육에 관심이 없다.
② 미술 활동은 유아기의 아이들에게 악영향을 미친다.
③ 아이들은 미술을 통해 잠재된 여러 재능을 발전시킬 수 있다.
④ 미술 교육은 가급적 늦게 시작하는 것이 아이의 건강에 도움이 된다.

3 文章の内容と一致するものを選ぶ 2 ［問題24］

[1-4] 글의 내용과 같은 것을 고르십시오.

1.

> 나에게는 형이 있다. 우리 형은 나보다 1살이 더 많다. 형과 나는 다른 점이 많고 나이 차이도 별로 나지 않아서 자주 싸운다. 하지만 난 형에게 싸운 뒤에 한 번도 사과를 한 적이 없다. 내 친구들에게 형과 싸운 내용과 이유를 말하면 다들 내가 잘못했다고 한다. 하지만 난 그렇게 생각하지 않았다. 올해 5월까지는 말이다.
>
> 5월 따뜻하고 평화로운 봄날, 나는 다른 날처럼 컴퓨터 앞에서 떨어지지 않았다. 세 시간 쯤 지났는데도 내가 컴퓨터하는 것을 멈추지 않으니까 형이 나에게 달려 들었다.
>
> "너 왜 이렇게 오래 해?" 먹잇감을 찾는 사자처럼 형이 말한 후에 "뭐가 어때서? 조금만 기다려 봐!" 나도 지지 않고 쏘아붙였다. 아무렇지 않은 듯 다시 컴퓨터에 몰입하는 나의 모습을 본 형은 약이 올랐는지 내 옆을 떠나지 않았다. 우리의 싸움이 다시 시작되었다.

① 컴퓨터 때문에 형과 갈등이 생겼다.
② 나는 나이 차이가 많은 형이 1명 있다.
③ 형과 싸우면 내 친구들은 형이 잘못했다고 한다.
④ 형이 컴퓨터를 그만하라고 해서 오래 할 수 없었다.

2.

> 학교에서 쉬는 시간이 끝났음을 알리는 종이 울리자 선생님이 말씀하셨다.
> "이번 시간에는 이 종이에 자신의 장래 희망과 그 이유를 적은 후에 발표할 거예요."
>
> 선생님의 말씀이 끝나자마자 아이들은 종이에 각자의 장래 희망을 적었다. 이런 와중에 조용하고 소심한 혜진이만 장래희망을 선뜻 적지 못하고 있었다.
>
> 평소 아이들은 말이 없고 조용한 혜진이를 별로 좋아하지 않았기 때문에 장래 희망이 없냐며 놀려댔다. 아이들은 제각각 의사, 선생님 등 장래 희망을 발표했고 서로의 발표를 들으며 박수를 치는 시간으로 채워졌다. 긴장한 혜

진이의 차례. 혜진이는 우주인이 되고 싶다고 조심스레 입을 열었다. 혜진이의 말이 끝나자 나와 아이들은 박장대소를 하며 웃었다. 혜진이의 얼굴은 불타는 것처럼 붉어졌고 몇몇 짓궂은 아이들은 혜진이를 우주인이라며 놀리기 시작했다.

① 아이들은 혜진이의 꿈을 무시했다.
② 혜진이는 장래 희망을 발표하지 못했다.
③ 혜진이는 평소 성격이 적극적이고 활발하다.
④ 학교에서 쉬는 시간에 자신의 장래 희망을 적은 후 발표했다.

3.

　사람마다 좋아하는 나무가 각각 다르다. 각자 그 나무를 왜 좋아하는지 이유를 물어보면 보통은 어떤 특별한 개성 때문이라고 답한다. 나는 소나무를 좋아한다. 내가 소나무를 좋아하는 이유는 특별한 개성이 아닌 "남에게 말할 수 없는 개성을 가지고 있는 것"이라고 대답한다.
　소나무는 일 년 내내 푸르다. 다른 나무들이 붉거나 노랗게 변하면서 각자의 아름다움을 표현할 때 소나무는 늘 언제나 푸른색으로 변치 않는 특별함을 강조한다. 여름에는 푸른색과 어울려 협동심을 보여주기도 한다. 이런 개성을 가진 소나무는 끈기, 인내심의 상징이라고 생각한다. 여름에 자기 몸에 매미가 앉아서 성가시게 해도 빨간 마음을 표현하지 않고 항상 순수한 마음으로 맞아준다. 소나무는 여름에 더워도 빨갛게 달아오르지 않고 양반처럼 땀도 흘리지 않고 항상 푸른 모습을 하고 있다.

① 나는 소나무가 특별한 개성이 있어서 좋아한다.
② 소나무는 여름에 더우면 양반처럼 땀을 흘린다.
③ 소나무는 일 년 내내 색이 바뀌지 않는 특별함이 있다.
④ 소나무는 자기 몸에 매미가 앉아서 성가시게 하면 빨갛게 변한다.

4.

　나는 화려한 몸짓과 아름다움을 지닌 나비를 예전부터 부러워했다. 예전부터 예쁘지 않았던 들꽃 같은 나는 주변에서 나비 같은 아이들에게 꿀을 내

주듯 당할 수밖에 없었다. 그 아이들에게 날개는 아이들의 인기 즉, 세력이라는 용어였다. 들꽃 같은 우리들은 스스로를 질책할 수밖에 없었다. 나비 같은 아이들을 따라해 보고, 날개도 펴 보려고 노력했지만 돌아오는 건 어색함과 비난뿐이었다.

어른이 된 지금, 나는 그들도 그들 나름대로의 번데기 시절이 있었다는 것을 알게 되었다. 다른 사람들에게 아름다움을 뽐낼 그 날만을 생각하며 '그때'를 번데기 상태로 꿈꾸면서 보이지 않는 노력이 있었다는 것을. 그래서 많은 사람들이 알았으면 좋겠다. 나비가 되었다 해도 오랜 번데기 시절이 없다면 오래 못 갈 것이라는 걸.

① 나는 어렸을 때 나비 같은 아이였다.
② 들꽃 같은 아이들은 늘 인기가 많다.
③ 나는 어른이 돼서 나비 같은 사람이 되었다.
④ 나비가 되려면 번데기 시절을 보내며 노력해야 한다.

④ 文章の内容と一致するものを選ぶ 3 ［問題32-34］

[1-4] 다음을 읽고 내용과 같은 것을 고르십시오.

1.

한국에서는 아기가 태어난 지 1년이 되었을 때 큰 잔치를 하는 한국의 전통 풍습이 있다. 이 풍습을 돌잔치라고 부른다. 과거에는 아기의 사망률이 높았기 때문에 한국에서는 1년을 못 넘기고 죽는 아기가 많았다. 첫 생일을 무사히 넘긴 것을 기념하고 아기의 장수를 기원하는 것이 돌잔치의 배경이다. 돌잔치에서 아기는 여러 물건 중에서 마음에 드는 물건을 선택하는 돌잡이를 하고 돌잡이에 참여한 어른들이 아기의 장래와 관련하여 아기의 미래를 예상하기도 한다.

① 돌잔치는 아기의 백일을 기념하는 잔치이다.
② 돌잔치는 아기가 오래 사는 것을 바라는 풍습이다.
③ 과거의 한국에서는 대부분의 아기들이 태어난 지 1년 뒤에도 건강했다.
④ 돌잡이에서는 어른들이 아기의 미래 직업을 예상한 후에 물건을 고른다.

2.

> 　최근 반려동물을 키우는 가구가 늘어남에 따라서 동물 권리의 보호 문제에 대하여 공감대가 형성되고 있다. 갈수록 커져가는 동물학대 범죄율도 동물의 법적 지위를 격상해야 한다는 목소리에 힘을 실어주고 있다. 최근 법무부가 실시한 여론 조사 결과 응답의 89%는 민법상 동물과 물건의 지위를 구분해야 한다는 데 찬성하였다. 이러한 지위 구분에 대한 문제도 법률 개정안으로 마련되어 동물 보호 문제가 많은 관심 속에 다뤄지고 있다. 전문가들은 이전까지는 법적으로 물건이었던 동물의 법적 지위가 앞으로 '동물' 자체로 올라갈 것으로 전망한다.

① 반려동물을 키우는 사람들이 갈수록 감소하고 있다.
② 동물 권리 보호 문제에 대해서 많은 사람들이 관심을 가진다.
③ 많은 사람들은 민법상 동물과 물건의 지위를 구분하면 안된다고 생각한다.
④ 전문가들은 앞으로 동물의 법적 지위가 낮아질 것으로 전망하며 우려를 표하고 있다.

3.

> 　직장인들에게 굉장히 어려운 '일과 삶의 균형을 맞추는 것'을 뜻하는 '워라밸'이라는 신조어가 요즘 젊은 세대들에게 많은 주목을 받고 있다. 많은 직장인들이 장시간 노동을 줄이는 대신에 일과 개인적인 삶의 균형을 맞추는 문화의 필요성에 관심을 보이고 있다. 〈한국의 유행〉에서는 1988년생부터 1994년생들을 '워라밸 세대'라고 규정했다. 이 워라밸 세대들은 자신을 희생하면서까지 무리하게 일을 하지 않고 일정 수준의 소득에 만족한다. 퇴근 후에는 일과 철저하게 분리되며 개인의 여가 생활에 집중하고 개인의 시간을 각자의 방법으로 즐긴다.

① '워라밸'은 만들어진 지 오래된 용어이다.
② 직장인들이 일과 삶의 균형을 맞추는 것은 쉽다.
③ 워라밸 세대는 개인보다 회사를 더 중요하게 생각한다.
④ 워라밸 세대는 월급보다 개인의 행복과 만족감이 더 중요하다고 본다.

4.

> 　강원 지역에서는 아이들과 가족이 함께 참여할 수 있는 주말농장을 이달 말 분양할 계획이다. 주말농장을 통해 도시에 살고 있는 많은 사람들에게 농촌 체험의 기회를 제공하고 체험 후 수확물을 가져갈 수 있는 프로그램이기 때문에 신청 전부터 많은 관심을 받고 있다. 연 5만 원의 분양 금액의 주말농장은 총 30가구에게 분양할 예정이다. 분양 신청 인원이 모집 인원을 초과할 경우 저소득층 가정에 우선 분양된다. 분양 신청은 직접 방문하거나 전화를 통해서만 가능하며 다음 달 1일부터 12일까지 신청할 수 있다.

① 주말농장은 30가구만 선착순 분양할 예정이다.
② 강원 지역에 있는 가정만 주말농장을 분양을 신청할 수 있다.
③ 분양 인원이 많을 경우에는 소득이 적은 가정에 우선권이 있다.
④ 분양 신청은 전화 및 인터넷 접수도 가능하며 12일 동안 받을 예정이다.

5 文章の内容と一致するものを選ぶ 4 〔問題43〕
[1-4] 글의 내용과 같은 것을 고르십시오.

1.

> 　할머니는 맛있는 삼계탕으로 유명한 한식집을 운영하셨다. 한 5년 전만 해도 식당은 손님들로 붐볐지만 요즘은 가게 문을 닫았다. 왜냐하면 할머니도 힘드시고 두 이모 분이 일을 하셔서 돈을 버시기 때문이다. 식당 문을 닫으셨지만 할머니께서는 그래도 우리가 오면 솜씨를 발휘하셔서 가게의 자랑이었던 삼계탕을 만들어 주신다. 한입만 먹으면 그 맛을 잊을 수가 없다. 할머니의 음식은 음식이 아닌 예술 그 자체였다.
> 　하지만 요즘은 할머니 댁에 가는 횟수가 점점 줄어들고 있다. 정말 슬픈 일이다. 그 맛있는 삼계탕을 먹지 못하기 때문이다. 할머니는 요즘 가게를 닫으신 후에 좀 심심해하시는 것 같다.
> 　식당을 그만두신 할머니의 모습은 정말 시무룩해 보였다. 할머니께서 식당을 운영하셨을 때는 정말 즐거워하셨고, 생동감이 넘쳐 보였는데 지금의 할머니는 정말 힘이 없고 살아가는 재미를 잃어버리신 것 같다. 나는 사랑하는 할머니의 기운 빠진 모습을 보고 계속 마음에 걸려서 언니와 함께 작전을

짜기로 했다. 어떻게 하면 할머니를 기쁘게 해 드릴 수 있을지 언니와 머리를 맞대고 고민해 보았다.

① 식당 문을 닫으신 후에 할머니께서는 요리를 하시지 않는다.
② 할머니가 운영하시는 한식집은 5년 전에는 손님들이 별로 없었다.
③ 할머니께서는 가게 문을 닫으신 후에 편안하게 쉴 수 있어서 만족하신다.
④ 나는 언니와 함께 할머니를 즐겁게 해 드릴 수 있는 계획을 짜려고 한다.

2.

나에게 이모의 집은 제2의 쉼터이다. 엄마가 동생을 낳으려고 병원에 있었던 한 달 동안 난 이모의 집에서 생활했다. 나는 이모를 잘 따르고 좋아했기 때문에 그 시간이 즐겁기만 했다. 이모의 집에 있을 때 나는 공주 대접을 받았다. 아들만 있었던 이모의 가족들에게 나는 사랑을 듬뿍 받는 존재가 되었다.

그런데 얼마 후 동생이 태어났다. 동생은 아직 어린아이였던 철없는 나에게는 짜증이 나는 존재였다. 항상 울면서, 웃으면서 동생은 엄마와 아빠의 관심을 내게서 가져가 버렸다. 그때 나에게 위안을 준 사람은 이모였다. 이모는 나에게 동생이 싫으냐고 물었다. 나는 아무 말도 하지 못했다. 이모는 그 날 이후로 내게 자주 말을 걸고 내 앞에서는 동생 이야기를 꺼내지 않으셨다. 이모의 세심한 노력으로 나는 점점 동생을 이해하게 되었다.

나에게는 친동생 말고도 귀여운 사촌 동생들이 있다. 수민이와 민현이다. 나보다 어린 외사촌인데 나를 정말 잘 따르는 동생들이다. 정말 귀엽고 사랑스럽게 생겼는데 성격은 정반대다. 덕분에 이모 집에 있는 물건들은 모두 부서지고 말았다.

① 동생이 태어난 후에 나는 공주 대접을 받았다.
② 나는 이모의 집에 있는 동안 많은 사랑을 받았다.
③ 이모가 노력하셨지만 나는 동생을 이해할 수 없었다.
④ 이모가 병원에 있었던 시간 동안 나는 엄마와 이모의 집에서 생활했다.

3.

> 어릴 때부터 형제가 없는 나는 맞벌이 부부였던 부모님마저 집을 비워 집에 혼자 있을 때마다 늘 심심했다. 어느 날 집 밖에 작은 그림자가 나타났다. "엄마야!"하고 소리치며 다가가 보니 귀여운 강아지 한 마리가 서 있었다. 평소에 강아지를 키우고 싶던 나는 길 잃은 강아지를 품에 소중히 안고 집으로 돌아왔다. 엄마 몰래 내 방으로 조용히 들어갔다. 나는 귀여운 강아지 앞에서 눈을 뗄 수 없었다. 그때 갑자기 방문이 열리더니 엄마가 들어오셨다.
>
> "어머! 이게 뭐니? 웬 개야?"
>
> 나는 강아지가 길을 잃어서 불쌍해서 데려왔다고 말하였고 엄마는 그럴 때는 경찰서로 데려가야 한다고 말씀하셨다. 엄마의 그 한 마디에 나는 눈물이 뺨에 흘렀다. 강아지도 나와 함께 울어주는 것 같았다.
>
> 어쩔 수 없이 나는 강아지를 경찰서에 데려다주었다. 경찰서에 데려다주고 집까지 걸어오는 동안 나는 눈물을 멈출 수 없었다. 짧은 만남이었지만 강아지가 나를 잊지 않고 생각해 주었으면 좋겠다고 생각했다.

① 나는 어렸을 때 형제가 없었지만 심심하지 않았다.
② 나는 어렸을 때 집 밖에 서 있는 강아지를 보고 무서워했다.
③ 어머니는 길을 잃은 강아지를 집에서 키우는 것을 반대하셨다.
④ 나는 강아지를 경찰서에 데려다주지 않고 다시 집으로 데리고 돌아왔다.

4.

> 따뜻한 봄날, 어두운 흙 속을 헤치고 꿋꿋하게 새싹을 피우는 작은 씨앗 하나가 있었다. 그때 옆에 있던 진달래꽃이 말을 하였다.
>
> "너는 왜 그렇게 못생겼어? 호박과도 비교가 안 되잖아?"
>
> 개나리꽃은 화가 나는 것을 꾹 참고 가만히 있었다. 그러자 진달래꽃은 화를 돋우며
>
> "너는 꿀먹은 벙어리처럼 대답도 못하니? 대답을 왜 안 해?" 하고 다그쳤다. 서러운 하루를 보낸 개나리꽃은 속으로 다짐했다.
>
> '무슨 일이 있어도 울지 않을 거야!'
>
> 다음날 진달래꽃은 개나리꽃에게 보라는 듯 화려하고 예쁘게 활짝 피어 있었다. 하지만 개나리꽃은 부러운 기색을 보이지 않았다. 진달래꽃은 다시금

27

개나리꽃에게 말을 걸었다.

"너는 왜 그렇게 키가 작니?"

개나리는 자기 키가 작은 것을 알면서

"그렇지만 나는 자꾸자꾸 클 거야. 그래서 너보다도 클 거야! 기다려 봐!"

하며 울먹이며 말하였다. 밤이 되자 개나리꽃은 잠이 들었고 꿈을 꾸었다. 자신이 키도 부쩍 크고 외모도 아름다워져서 진달래꽃을 혼내주는 꿈이었다. 그런데 그 꿈이 반 정도는 맞은 듯했다. 다음날 개나리꽃은 자신의 키가 늘어 있는 것을 확인했고, 초록색 꽃봉오리까지 빼꼼 얼굴을 내밀고 있었다.

① 개나리꽃은 진달래꽃을 부러워했다.
② 개나리꽃은 진달래꽃에게 화를 냈다.
③ 개나리꽃은 꿈을 꾼 다음 날 꿈처럼 키가 커졌다.
④ 개나리꽃은 꿈속에서 진달래꽃이 되는 꿈을 꾸었다.

6 文章の内容と一致するものを選ぶ 5 ［問題47］

【1-4】 글의 내용과 같은 것을 고르십시오.

1.

> 현대 사회에서 갈수록 인터넷 속 세상이 3차원으로 진화하고 있다. (㉠) 이러한 배경에서 더욱 빠르게 발전하고 있는 기술인 '메타버스'에 많은 관심이 모아지고 있다. (㉡) 가상 현실의 개념보다 더 확장된 의미로 가상 세계가 현실 세계와 합쳐진 형태를 말한다. (㉢) 메타버스의 발전은 미래에 가상 세계에서도 현실과 같은 경제 활동이나 일상 활동을 가능하게 할 수 있다. (㉣) 가상 세계에서 수익을 내고 소비를 하는 것이 일상적인 일들로 자리 잡게 된다. 영화 속에서만 가능할 거라고 생각했던 일들이 이제는 현실과 가까워지고 있다.

① 현대 사회에서 메타버스에 대한 관심이 줄어들고 있다.
② 메타버스는 현실 세계를 포함하지 않는 가상 세계만을 의미한다.
③ 메타버스 기술을 활용하면 가상 세계에서도 실제로 돈을 벌고 쓸 수 있다.
④ 메타버스는 현실에서 일어날 수 없는 영화 속 장면을 연출하는 촬영 기법을 의미한다.

2.

> 학생들이 정식 학교에 가지 않고 가정에서 부모님 또는 개인적으로 교육을 받는 것을 홈스쿨링이라고 한다. 모든 학생들이 공교육을 받는 것에 대한 적절성과 관련해서 많은 의문과 불만이 제기되어 왔다. (㉠) 학교에서 교실 안의 많은 학생들 개개인의 특성과 적성을 모두 맞춰서 교육을 실시하는 것은 실제적으로 불가능하다. (㉡) 학교 폭력 및 입시 스트레스 등 공교육의 문제점도 뿌리 뽑기 어려운 현실이다. (㉢) 학생을 누구보다 잘 아는 부모님이 직접 가르치고 교육하는 홈스쿨링의 장점에 관심을 가지기 시작했다. 미국에서는 유치원에서 대학까지의 모든 교과 과정을 집에서 가르칠 수 있게 되었지만 한국의 경우 초등학생 과정이 의무교육으로 정해져 있어서 미국과 같은 홈스쿨링은 어렵다. (㉣)

① 학원에서 실시하는 교육에 대해 학부모들의 불만이 많아지고 있다.
② 홈스쿨링을 통해 학생들은 학교에서 배운 내용을 효과적으로 이해할 수 있다.
③ 공교육은 학생들의 개성을 살릴 수 있고 각자의 적성에 맞춰 교육시킬 수 있다.
④ 미국에서는 한국과 다르게 초등학생들도 모든 교과 과정을 집에서 가르칠 수 있다.

3.

> 사회공포증은 당황스러움을 줄 수 있는 특정한 사회적 상황을 지속적으로 두려워하고 피하려 하는 질환이다. 이러한 상황을 피할 수 없을 때는 바로 심각한 불안 반응을 보이기도 한다. (㉠) 구체적으로 다른 사람들에게 주목을 받거나 관찰되는 상황에서 창피를 당할 수 있다는 생각에 두려움을 느끼게 되어서 증상이 발현된다. (㉡) 사회공포증은 유전적 요소가 관여하게 된다. (㉢) 또한 환경적인 요인과도 관련이 있는데 환자가 어린 시절에 자신에게 중요하다고 여기는 인물이 창피를 주고 놀리거나 모욕을 당하는 일을 겪었을 때 이 인물을 하나의 이미지로 내면화하여 오랜 시간 기억하게 된다. (㉣) 이후 주변 인물들에게까지 어린 시절 상처를 받았던 인물의 이미지가 투영되어 환자는 모든 사람들이 자신에게 창피를 주고 모욕하며 비판할 것이라는 잘못된 인식에 사로잡혀서 공포를 느끼게 된다.

① 사회공포증은 특정한 사람을 두려워하고 기피하는 병이다.
② 사회공포증이 있는 사람은 항상 다른 사람들에게 관심을 받고 싶어 한다.
③ 사회공포증은 환경적인 요인과는 무관하며 유전적 요소로 결정되는 질환이다.
④ 사회공포증의 환경적 요인은 과거에 상처를 받은 경험이 공포를 느끼게 하는 것이다.

4.

직장에 출근해 일하는 상근자에 비해서 상대적으로 재택근무자들은 동료들과의 의사소통이 부족하기 때문에 소외감을 느끼고 주위의 도움을 받지 못한다. (㉠) 또한 재택근무를 하게 되면 직장 동료들과 멀리 떨어져 있어서 동료들의 피드백을 정확하게 해석하는 것이 어렵고 간혹 의사소통에서의 오류가 생길 때가 있다. 뿐만 아니라 집에서 혼자 오랜 시간을 보내다가 보면 자기의 생각에 갇혀서 지나치게 상대방의 의미를 확대하여 해석할 여지가 있다. (㉡) 이러한 비이성적 의심을 멈추고 재택근무를 할때도 상근자와 동일한 업무 환경을 만들기 위해 다음과 같은 노력이 필요하다. (㉢) 먼저 다른 사람의 기분을 자신이 너무 무리해서 맞추고 있지 않은지 살펴보는 것이다. 상대방의 기분을 맞추고 부탁이나 요구에 응하는 것보다 자신의 기분과 스케줄을 자세하게 살펴보는 것이 우선되어야 할 것이다. 다음으로 타인의 행동을 객관화할 필요가 있다. 그들의 작은 말 한마디를 비판이나 모욕으로 받아들이는 것이 아니라 내가 말한 것으로 가정해서 어떤 생각으로 그 말을 했는지 생각해 보거나 가장 긍정적인 의미로 해석해 보려고 하는 것도 좋은 방법이 될 수 있다. (㉣)

① 재택근무자들은 동료들과 원활한 의사소통을 할 수 있다.
② 직장에 출근하는 상근자들은 의사소통에서 오류가 생길 수 있다.
③ 재택근무자들은 항상 동료들의 기분을 파악하는 것이 우선되어야 한다.
④ 동료들의 행동을 주관적으로 이해하는 것이 아니라 객관적으로 파악해야 한다.

タイプ④　文を順番に並べる

〈タイプ④〉は文の順序を並び替えたり、〈例〉の文を文章の適切な箇所に入れたりすることで、文章の流れをよく把握しているかを確認するタイプの問題です。このタイプに該当する問題には13-15、39-41、46があります。このタイプの問題を効率的に解くためには、繰り返し使われる語彙をキーワードとして各文の関係を把握しなければなりません。また、文章の順序の特徴をよく把握しなければなりません。

〈タイプ④〉の質問項目

① 提示されている文を順番に並べる ［問題13-15］
② 適切な箇所に〈例〉の文を入れる 1 ［問題39-41］
③ 適切な箇所に〈例〉の文を入れる 2 ［問題46］

 練習問題

① 提示されている文を順番に並べる ［問題13-15］

【1-4】 순서대로 맞게 배열한 것을 고르십시오.

1.

> (가) 한국에는 '콩 한 쪽도 나누어 먹는다.'라는 말이 있다.
> (나) 대기업이 장학재단을 운영하는 것에서부터 할머니가 폐지를 모아 번 돈으로 장학금을 내놓은 것까지 사회 곳곳에서 나눔을 실천하는 아름다운 모습들을 볼 수 있다.
> (다) 이러한 나눔의 전통은 오늘날까지 계속되고 있다.
> (라) 이는 작은 것이어도 주위 사람들과 함께 나누는 한국의 아름다운 전통을 보여준다.

① (가)-(라)-(나)-(다)　　② (가)-(라)-(다)-(나)
③ (라)-(나)-(가)-(다)　　④ (라)-(가)-(나)-(다)

2.

> (가) 그러므로 친밀감에서 느낄 수 있는 소유욕을 항상 경계해야 한다.
> (나) 타인과 가까워질수록 기대하는 것이 많아지면서 강한 소유욕을 느끼게
> 되는 것이다.
> (다) 타인과의 친밀감은 소유욕을 가져올 때가 있다.
> (라) 그런데 이러한 소유욕은 관계를 망치는 결과를 가져오게 된다.

① (다)-(가)-(라)-(나)   ② (다)-(나)-(라)-(가)
③ (라)-(가)-(나)-(다)   ④ (라)-(다)-(가)-(나)

3.

> (가) 1995년에 만들어진 우리나라 최대의 환경단체가 있다.
> (나) 구체적으로 탄소 줄이기, 친환경 매장 운영, 환경 교육 등의 활동을 하
> 고 있다.
> (다) 그리고 친환경적인 사회를 만들기 위해 노력하고 있다.
> (라) 이 단체는 50여개의 지역 조직이 있으며 세계 환경 보호 단체에도 가입
> 되어 있다.

① (가)-(다)-(라)-(나)   ② (가)-(라)-(다)-(나)
③ (라)-(나)-(가)-(다)   ④ (라)-(가)-(나)-(다)

4.

> (가) 이를 위해 각 기업에서도 매주 수요일 정시 퇴근을 장려하여 퇴근 후 가
> 족과 함께 시간을 보낼 수 있는 직장 분위기를 조성하고 있다.
> (나) 이 캠페인은 매주 수요일 가족과 함께하는 날을 뜻한다.
> (다) '가족 사랑의 날'은 여성가족부에서 진행하고 있다.
> (라) 일주일에 한 번이라도 가족과 함께 시간을 보내는 작은 실천이 가족에
> 대한 사랑으로 이어지게 된다는 의미에서 추진하고 있다.

① (다)-(라)-(나)-(가)   ② (다)-(나)-(라)-(가)
③ (라)-(가)-(나)-(다)   ④ (라)-(다)-(가)-(나)

2 適切な箇所に〈例〉の文を入れる 1［問題39-41］

[1-4]〈보기〉의 글이 들어가기에 가장 알맞은 곳을 고르십시오.

1.

> 피그말리온 효과는 그리스 신화에 나오는 조각가 피그말리온의 이름에서 유래한 심리학 용어이다. (㉠) 피그말리온은 아름다운 여인상을 조각하고 그 여인상을 진심으로 사랑하게 된다. (㉡) 이처럼 타인의 기대나 관심으로 인해 결과가 좋아지는 현상을 뜻하게 되었다. (㉢) 심리학에서는 타인이 나를 믿고 기대하면 그 기대를 실망시키지 않기 위해서 노력한다는 의미가 되었다. (㉣)

┌─────────────────────── 보기 ───────────────────────┐

> 이러한 피그말리온의 사랑에 감동한 여신 아프로디테는 여인 조각상에 생명을 주었다.

① ㉠ ② ㉡ ③ ㉢ ④ ㉣

2.

> 한국의 출산율은 빠르게 감소하여 세계 최저 수준이다. (㉠) 이와 같은 현상이 지속되면 한국의 전체 인구가 감소하고 젊은 노동력의 공급이 줄어드는 것과 함께 경제 성장도 늦어질 것이다. (㉡) 출산율을 높이기 위해서 기업에서는 여성이 직장을 다니면서 출산과 육아 때문에 불이익을 받지 않도록 하는 것이 중요하다. (㉢) 이렇게 한국 사회의 저출산 문제를 해결하기 위해서는 개인뿐 아니라 기업 및 국가의 사회적 노력이 중요하다는 인식이 필요하다. (㉣)

┌─────────────────────── 보기 ───────────────────────┐

> 그리고 국가는 출산 지원금, 양육비 지급 등에 대해 지원을 확대해야 한다.

① ㉠ ② ㉡ ③ ㉢ ④ ㉣

3.

한 집에 여러 입주자가 거주하면서 개인 공간과 공용 공간을 구분하여 사용하는 거주의 한 형태를 쉐어하우스라 부른다. (㉠) 쉐어하우스에 입주하면 보증금과 같은 초기 비용과 월세를 아낄 수 있으며 공동생활을 통해 인간관계를 넓힐 수 있는 기회가 될 수 있다. (㉡) 최근에는 쉐어하우스의 인기가 높아지면서 다양한 형태의 쉐어하우스가 등장하고 있다. 취미 생활을 공유하는 취미 중심의 하우스, 미혼 여성들을 위한 하우스 등이 있다. (㉢) 이러한 쉐어하우스는 2010년 이후 청년 주거문제가 떠오르면서 이를 해결하는 한 방법으로 등장했다. (㉣)

┤보기├

또한 대부분의 쉐어하우스는 기본적인 가구, 가전제품 등 생활에 필요한 조건들이 구비되어 있다는 장점도 있다.

① ㉠   ② ㉡   ③ ㉢   ④ ㉣

4.

한국 최초 1,000만 관객을 동원한 '난타' 공연은 전 세계 57개국에서 공연되었다. (㉠) '난타' 공연은 한국을 대표하는 공연으로 주방에서 일어나는 일들을 코미디와 주방에 있는 도구를 활용하여 두드림으로 표현한다. (㉡) 이 '난타' 공연의 예매를 성공하는 것은 굉장히 어려운 일이다. (㉢) '난타' 공연 팀에서는 이러한 관객들의 성원에 힘입어 다음 달까지 공연을 연장하기로 했다. (㉣)

┤보기├

특히 이번 공연은 2회 전석 매진으로 관객들의 공연 연장 요청이 이어지고 있다.

① ㉠   ② ㉡   ③ ㉢   ④ ㉣

3 適切な箇所に〈例〉の文を入れる 2［問題46］

[1-4]〈보기〉의 글이 들어가기에 가장 알맞은 곳을 고르십시오.

1.

현대 사회에서는 갈수록 연탄이란 연료를 모르는 사람들이 많아지고 있다. (㉠) 과학의 발전으로 연탄보다 상대적으로 저렴하고 사용하기 편한 난방 연료가 많아졌기 때문이다. (㉡) 그럼에도 불구하고 연탄을 사용하는 가구가 약 10만 가구에 이른다. (㉢) 대부분 도시가스가 보급되지 않는 곳에 거주하는 저소득층에서는 주 난방 연료로 연탄을 사용한다. (㉣) 우리 사회의 많은 이웃들이 아직까지는 선택이 아닌 꼭 필요한 생존 에너지로 연탄을 사용하고 있다.

|보기|

또한 연탄은 하루에 두 번이나 교체해야 하는 번거로움과 보관의 어려움, 건강의 위험 문제까지 안고 사용해야 하는 단점이 있다.

① ㉠   ② ㉡   ③ ㉢   ④ ㉣

2.

인터넷 쿠폰, 모바일 쿠폰, 게임 머니 등을 가상화폐라고 부른다. (㉠) 가상화폐는 중앙은행이나 금융기관과 같은 공인 기관이 관리에 관여하지 않는다. (㉡) 가상화폐는 정부의 통제를 받지 않으며 상품의 구입을 위해 지출한 돈만큼의 가치를 지니게 된다. (㉢) 이때 가상화폐는 발행 기업의 서비스 내에서만 통용된다. (㉣) 이러한 가상화폐에 대한 관심이 높아지는 만큼 각 기업에서는 가상화폐 관련 사업을 확장시키는 것이 좋다.

|보기|

그러므로 개발자가 발행자로서 화폐의 발행 규모 등을 자율적으로 관리한다.

① ㉠   ② ㉡   ③ ㉢   ④ ㉣

3.

가심비는 최근의 소비 트렌드 중 하나로 가격이나 성능보다 심리적 안정과 만족감을 중시하는 소비 형태를 말한다. (㉠) 가격이나 성능을 가장 중시하는 가성비와 다르다. (㉡) 이러한 가심비 유행의 배경에는 경제적으로 성장이 느린 사회적 분위기가 많은 영향을 미쳤다. (㉢) 지갑이 얇아진 소비자들이 모든 부분에서 소비를 줄이지만 가장 좋아하는 물건에 대해서는 돈을 아끼지 않는 식으로 스트레스를 해소하는 것이다. (㉣) 호텔에서 휴가를 즐기는 호캉스, 고급 식당의 대중화, 해외여행 상품 등 가심비를 보여주는 상품들이 인기를 끌고 있다.

─────보기─────

이러한 소비자들의 심리를 파악한 기업들은 상품을 홍보할 때 가격보다는 디자인과 아이디어로 고객의 마음을 사로잡기 위해 노력한다.

① ㉠   ② ㉡   ③ ㉢   ④ ㉣

4.

여행 작가 김영호가 펴낸 일곱 번째 여행 에세이 『청춘의 시간』이 4주 연속 인기도서로 선정되었다. (㉠) 이번 여행 에세이는 뉴욕의 사계절을 작가 특유의 감성으로 담았다. (㉡) 사진에 어울리는 작가의 감성적인 글도 많은 독자들을 사로잡았다. (㉢) 최근에 김 작가는 지난 여섯 번째 여행 에세이의 성공으로 「올해의 여행 작가」에 선정되기도 하였다. (㉣)

─────보기─────

각 계절의 아름다움이 돋보이는 뉴욕의 사진을 감상할 수 있다.

① ㉠   ② ㉡   ③ ㉢   ④ ㉣

タイプ⑤　空欄に適切な内容を入れる

〈タイプ⑤〉は空欄に入る適切な内容を選ぶ問題で、名詞を修飾する表現や文の最後に続く表現などが出題されます。〈タイプ⑤〉に分類される問題は文章の全体的な流れを把握し、文脈に合う答えを選ぶという点は同じですが、試験の後半になるにつれて出てくる問題の文章は長くなり、語彙と文法表現のレベルも高くなります。問題19、21は空欄に入る接続語と慣用表現を選ばなければならないため、接続語や慣用表現はあらかじめよく学習しておくのがよいでしょう。

〈タイプ⑤〉の質問項目

1 空欄に最も適切な内容を入れる　1　[問題16-18]
2 空欄に最も適切な内容を入れる　2　[問題28-31]
3 空欄に最も適切な内容を入れる　3　[問題45, 49]
4 接続語を選ぶ　[問題19]
5 慣用表現を選ぶ　[問題21]

 練習問題

1 空欄に最も適切な内容を入れる　1　[問題16-18]

[1-4] 다음을 읽고 (　　　　)에 들어갈 내용으로 가장 알맞은 것을 고르십시오.

1.

> 　마트에 가면 진분홍색밖에 없던 고무장갑이 최근에는 노란색, 회색, 진녹색처럼 다양한 색깔로 출시되기 시작했다. 설거지를 하거나 요리를 할 때 김칫국물이 스며들어 (　　　　) 언제나 진한 분홍색으로만 생산되던 고무장갑이 인테리어를 중요시하는 젊은층의 요구에 맞춰 주방 분위기를 해치지 않고 매일 기분 좋게 사용할 수 있는 색들로 새롭게 만들어졌다. 또한 김치를 집에서 담그지 않고 사서 먹는 세대가 늘어나면서 반드시 진분홍색 고무장갑

을 고수해야 할 이유가 사라진 것도 다양한 색상의 고무장갑이 출시된 계기
이다.

① 변색되는 것을 막고자
② 내구성을 튼튼하게 하고자
③ 쉽게 망가지는 것을 막고자
④ 냄새가 배는 것을 방지하고자

2.

커피 찌꺼기가 냄새 제거에 효과적이라는 것은 꽤 많은 사람에게 알려진
사실이다. 일부 축산 농가에서는 이를 활용하여 축사의 악취를 해결하고 있다.
생활 폐기물로 버려지는 커피 찌꺼기를 모아 (   ) 미생물을 적절한 비
율로 혼합한 후 축사에 골고루 뿌리면 미생물이 가축 분뇨와 같이 악취의 원
인이 되는 물질들을 분해하여 코를 찌르는 듯한 냄새가 현저히 감소하게 된다.
이에 국내외를 막론하고 각지의 축산 농가에서 커피 찌꺼기 탈취제가 각광을
받고 있다.

① 가축의 먹이가 되는
② 커피 찌꺼기를 줄이는
③ 악취를 감소시킬 수 있는
④ 냄새의 원인을 증가시키는

3.

집에서 컴퓨터나 태블릿으로 운동 동영상을 보며 홀로 운동을 즐기는 젊은
층이 급격히 늘고 있다. 언제 어디서나 따라할 수 있는 운동 동영상은 바쁜
일상에서 좀처럼 시간을 내어 운동을 배우러 다니기 힘든 직장인들이나 인파
에서 벗어나 운동만큼은 혼자 조용히 하고 싶다는 사람들에게 주목을 받고
있다. 이에 최근에는 집에서 운동하는 사람들을 위해 실내에서 따라 해도 층
간 소음은 일으키지 않으면서 (   ) 동작만을 모은 운동 영상이 인기를
끌었다. 이웃에게 피해를 주지 않고 집에서도 강도 높은 운동을 즐길 수 있다
는 평이다.

① 암기하기 쉬운
② 운동량은 최대화한
③ 운동 부족을 보완하는
④ 운동 초보자에게 적합한

4.

> 장기적인 계획을 세워 거창한 목표를 달성하는 것도 중요하지만 일상에서 (   ) 꾸준히 이루는 것이 무엇보다 중요하다. 성취감은 무엇보다 강한 동기 부여가 되는데 꼭 거창하지 않더라도 나 자신과 약속한 무언가를 이루어냈다는 만족감은 마음속의 큰 버팀목이 되기 때문이다. 아침에 5분 명상하기, 자신에게 하루 한 번 칭찬해주기, 책 10장 읽기처럼 소소하지만 자신을 뿌듯하게 만드는 일들을 이뤄내면 스스로에 대한 믿음이 강해져 큰 목표를 이루는 데에도 도움이 된다.

① 번번이 실패했던 일들을
② 실현 가능한 작은 목표들을
③ 누구나가 했을 법한 목표들을
④ 좀처럼 경험하기 어려운 일들을

2 空欄に最も適切な内容を入れる 2 ［問題28-31］
[1-4] 다음을 읽고 (   )에 들어갈 내용으로 가장 알맞은 것을 고르십시오.

1.

> 햇빛이나 형광등의 빛을 보면 나도 모르게 재채기를 하는 사람들이 있다. 이는 몸이 (   ) 반사적으로 재채기를 하기 때문인데 아츄 증후군이라 한다. 증상이 일어나는 구체적인 원인은 밝혀내지 못했으나 다수의 학자들은 갑자기 늘어난 빛의 양이 눈과 코로 연결된 삼차 신경에 과한 자극을 주어 재채기가 유발되는 것으로 추정한다. 세계 인구 중 대략 20~30%가 이 증후군을 앓고 있으나 빛을 본 후 재채기를 한다고 해서 건강에 문제가 있는 것은 아니므로 안심해도 된다.

① 빛의 파장을 분석하여
② 빛의 자극에 반응하여
③ 빛의 정도를 가늠하고자
④ 빛을 충분히 흡수하고자

2.

> 우리는 매우 다양한 곰팡이와 공존하고 있다. 눈에 보이지 않더라도 작은 포자는 공기 중에 떠돌고 있으며 (   ) 환경이 되면 급속도로 번식한다. 곰팡이의 종류는 셀 수 없이 많지만 기본적으로 곰팡이들이 좋아하는 환경이 있다. 섭씨 2~30도로 따뜻하고 다습한 공간, 그리고 충분한 영양분이 공급되는 곳이다. 따라서 곰팡이가 퍼지는 것을 막기 위해서는 습도를 60% 이하로 낮추고 틈틈이 환기를 해주는 것이 좋다.

① 성장하기에 적합한
② 습도 조절이 용이한
③ 번식력을 퇴화시키는
④ 낮은 온도가 유지되는

3.

> 거꾸로 수업은 기존의 교수자가 일방적으로 강의를 하고 학습자가 이를 받아들이는 하향식 수업과 달리 학습자는 교수자가 사전에 준비한 강의를 미리 보고 온 후, 수업 현장에서 협업 활동을 통해 배움을 확장해 나간다. 이 교육법에 대해 학습자들은 본격적인 수업에 앞서 학습 내용을 미리 알 수 있다는 점과 다른 학습자들과 함께 활동하며 이해의 폭을 넓힐 수 있다는 점을 높이 평가하고 있다. 더욱이 교실에서는 다채로운 토론을 바탕으로 교수자뿐만 아니라 학습자 간의 (   ) 평이다.

① 교류가 저하된다는
② 경쟁이 심화된다는
③ 전문성이 결여된다는
④ 상호작용이 극대화된다는

4.

최근 일부 업체에서는 상품의 회사 이름 가리기에 열을 올리고 있다. 사회적 물의를 일으켜 불매 운동의 타격을 입거나 여러 이유로 기업의 신뢰도가 낮아진 업체들이 회사의 로고가 상품 판매 이익을 (   ) 판단되면 과감히 로고를 지우고 상품명을 강조하는 것이다. 예를 들어 상품 전면 표기에는 회사 이름을 쓰지 않고 상품명만 기재하여 어느 회사의 제품인지를 모호하게 만든다. 그뿐만 아니라 상품 뒷면에 필수적으로 써넣어야 하는 회사 정보 역시, 회사의 로고는 지우고 이름만 작게 남기는 방법으로 상품의 출처를 파악하기 어렵게 하였다. 이러한 방법을 채택한 업체들은 소비자에게 신뢰도가 낮은 회사의 존재는 감추고 상품만을 강조하여 판매량이 늘기를 기대하고 있다.

① 올리기에 적합하다고
② 높이는 데 방해가 된다고
③ 급감시키는 효과가 있다고
④ 다방면으로 늘릴 수 있다고

3 空欄に最も適切な内容を入れる 3 ［問題45, 49］

[1-4] 다음을 읽고 (   )에 들어갈 내용으로 가장 알맞은 것을 고르십시오.

1.

국내 출판업계의 모 기업에서 근무 시간의 (   ) 재량근무제를 채택하였다. 틀에 박힌 생각에서 벗어나 참신한 콘텐츠를 기획, 생산하고 이를 가시적인 결과물로 만들어내도록 사원들의 역량을 끌어내기 위해 내린 결단이다. 이 기업의 대표는 재량근무제를 통해 사원들이 일과 삶의 균형을 찾을 수 있는 것은 물론, 개인마다 최상의 상태를 유지할 수 있는 근무 시간대가 다르므로 융통성 있는 근무 환경 조성이 회사를 더욱 성장시킬 것으로 보고 있다. 사내 직원뿐 아니라 작가, 책 디자이너 등 프리랜서들과의 소통 역시 빼놓을 수 없는 출판업계이므로 맡은 일에 따라 저마다 능률을 올릴 수 있는 시간대가 다채로울 수 밖에 없다. 따라서 해당 기업은 이와 같은 상황을 고려하여 재량근무제를 성장의 발판으로 활용하고자 했다. 또한 사원 간의 평가를 통해 서로 같은 시간대에, 같은 공간에서 일하지 않더라도 얼마나 성실히 임무를 완수해냈는지 꾸준한 점검이 이루어질 예정이다. 책임을 전제로 하는 자유로운 근무 환경을 조성하기 위해 박차를 가하고 있다.

① 연장을 고려하는
② 단축을 도모하는
③ 자율성을 확대하는
④ 융통성을 지양하는

2.

예전과 비교하여 공교육에서 한자 교육의 입지가 작아지고 일상에서 역시 한자 사용이 감소함에 따라 학생들의 문해력이 급격히 떨어지고 있다. 고등학교 국어 시간에는 학생들이 교과서에 수록된 글의 전체적인 요지나 맥락을 이해하는 것은 제쳐두고 단어의 뜻을 몰라 원활한 수업이 진행되지 않아 난처하다는 교사가 늘고 있다. 한국어로 수업을 하는데도 마치 외국어 수업을 하듯 사전을 펼쳐 놓고 단어의 의미를 하나하나 풀이해야 하는 실정이다. 물론 한글 전용 세대에게 한자 교육을 하지 않아도 (   ) 큰 문제가 없을 수 있겠으나 학교는 단순히 먹고 살기 위해 필요한 최소한의 지식만을 전달하는 곳이 아니다. 때로는 답이 없는 문제를 고뇌하고 진리를 탐구하기도 하며 무한한 사고의 확장과 가능성을 열어주는 공간이다. 문해력은 이를 이루기 위한 가장 기초적인 요소이며 한자 교육의 부재로 문해력이 저하된다면 이는 모든 교육의 근간이 흔들리게 될 가능성이 있다.

① 취업 활동을 하는 데는
② 교과서를 분석하는 데는
③ 의무 교육을 행하는 데는
④ 일상의 삶을 살아가는 데는

3.

화장품 업계에서 환경 보호 운동에 동참하고자 시대의 흐름을 고려한 '다시 쓰기' 매장 활성화에 힘을 쏟고 있다. 다시 쓰기 매장에서는 소비자가 다쓴 화장품 용기를 가져오면 적절한 소독 과정을 거쳐 희망하는 기초 화장품의 내용물을 다시 채워준다. 용기를 재활용하기 때문에 처음 산 제품보다 35% 가량 저렴한 가격으로 제공되고, 화장품 용량 또한 구매자가 선택할 수 있다. 스킨, 로션과 같은 기초 화장품을 사용한 후, 재활용품으로 용기를 분리 수거할 때는 내용물을 깨끗하게 씻어야 하는데 용기의 구조상 세척이 쉽지 않아 일반 쓰레기로 버려지는 경우가 많다. 이에 화장품 업계에서는 (   ) 방안을 모색하던 중, 다시 쓰기 매장을 기획하였다고 한다. 아직 시행 초입 단계이므로 적극적인 홍보가 필요한 시점이지만 한 번이라도 다시 쓰기 매장을 이용한 적이 있는 소비자들은 만족도가 매우 높은 것으로 나타났다. 화장품 용기를 다시 쓴다고 하더라도 매장에서 3단계에 거쳐 충분히 소독을 하므로 안심하고 쓸 수 있다는 의견이 압도적이다.

① 용기의 단가를 낮출 수 있는
② 용기의 재사용률을 높일 수 있는
③ 용기와 내용물을 분리 할 수 있는
④ 용기의 소독 과정을 줄일 수 있는

4.

모바일 또는 컴퓨터 메신저를 활용하여 가족, 지인들과 소통하는 것은 오늘날의 일상이 되었다. 비단 메신저는 사생활의 영역만이 아니라 업무에서도 다채롭게 활용되고 있다. 그러나 이로 인해 공과 사의 구분이 모호해져 메신저로 행하는 업무 지시에 (   ) 사람도 적지 않다. 메신저 알람이 울리기만 해도 스트레스를 받거나, 심하게는 휴대 전화를 보고 싶어 하지 않는 경우도 많다. 이에 국내 한 IT 기업에서 업무용 메신저를 개발하였는데 시간을 지정하면 알람이 울리지 않도록 설정되거나, 팀원들과 단체 채팅방을 만들어 실시간으로 회의 내용, 업무 일정 등을 공유할 수 있는 기능이 탑재되어 있다. 일반적인 메신저와 큰 차이가 없어 보일 수도 있으나 업무에 최적화된 요소들만 추려 비즈니스 용으로 제작되었다는 데 의의가 있다. 똑같은 업무 지시여도 개인용 메신저로 연락을 받는 것이 아니라 업무용 메신저로 연락을 받는다는 것만으로도 공과 사의 구분을 이루는 데 도움을 줄 수 있다는 것이 개발자의 소견이다.

① 당황스러워하는
② 만족감을 표하는
③ 강한 반감을 느끼는
④ 집중력이 향상된다는

4 接続語を選ぶ [問題19]

[1-4] (   )에 들어갈 알맞은 것을 고르십시오.

1.

일상에서 사용하는 다양한 생활용품은 우리의 예상보다 사용 기한이 훨씬 짧은 편이다. 수건이나 베개는 대략 2년 정도 사용하면 박테리아가 증식하기 때문에 교체하는 것이 좋고 머리빗 역시 세균 번식을 막기 위해 1년 주기로 바꾸는 것을 추천한다. (   ) 다양한 음식을 담는 플라스틱 용기는 사용 기한이 굉장히 짧다. 오래 사용하면 유해 화학 물질이 발생하므로 3개월 이상 사용 후에는 처분하는 것이 바람직하다.

① 과연   ② 또는   ③ 한편   ④ 특히

2.

16세기 이후 유럽 전역에서 유행하던 건물 양식을 바로크 양식이라 한다. 바로크는 일그러진, 찌그러진 진주를 의미하는 포르투갈어에서 유래된 단어로 고전 양식과 비교하여 과장된 느낌의 건축물을 비꼬는 말에서 시작되었다. (   ) 시간이 지나면서 경멸의 의미는 사라지고 당대의 건축 양식을 일컫는 말로 자리 잡았다. 또한 이후에는 건축 양식뿐만 아니라 당시에 유행하던 음악, 미술과 같은 예술 영역을 아울러 바로크라 부르게 되었다.

① 그러나   ② 오히려   ③ 반면에   ④ 게다가

3.

> 고구마, 바나나, 토마토, 우유. 모두 아침 식사 대용으로 먹거나 아침 식사에 자주 등장하는 음식이다. 그러나 이와 같은 음식들은 공복에 섭취 시 우리 몸에 부담을 주게 된다. 쉽고 빠르게 포만감을 주다 보니 섭취 직후에는 안정감을 주는 듯하나, (   ) 위산 분비를 촉진하여 위에 부담을 주거나 위장 장애를 악화시키기도 한다. 게다가 바나나는 혈액 안의 칼륨과 마그네슘의 불균형을 일으키기도 하므로 공복에는 섭취를 피하는 것이 좋다.

① 어쨌든   ② 그러면   ③ 오히려   ④ 그래서

4.

> 열등감은 결핍에서 오는 것이라 생각하기 쉽지만 자신이 누구보다 우월하다는 마음에서 비롯된다. 타인보다 우위에 있다고 생각했는데 그 타인이 어느 날 내가 가지지 못한 가치나 물질을 손에 넣으면 견딜 수 없는 패배감에 빠지게 되며 열등감에 젖어 든다. 다시 말해 그 사람이 아니라 내가 그것을 가졌어야 한다는 자만과 자기애에서 비롯되는 것이다. (   ) 열등감은 오만이 일으키는 마음의 어둠이라 할 수 있다.

① 이처럼   ② 차라리   ③ 그래도   ④ 그러나

5 慣用表現を選ぶ［問題21］

[1-4] (   )에 들어갈 알맞은 것을 고르십시오.

1.

> 겉으로는 매우 다정하고 온화해 보이지만 마음속에서는 나만의 기준이 매우 분명한 사람들이 있다. 이들은 누군가가 자신이 정해둔 선을 넘는 행위를 하면 한두 번은 이해하려고 하지만 한계점을 넘어서면 뒤도 돌아보지 않고 그들과 (   ). 절연을 당한 이들은 영문을 모른 채 당황하지만 연락을 끊은 사람들은 이미 상대에게 마음속으로 여러 번의 기회를 주었던 것이다.

① 이를 간다   ② 발을 뺀다
③ 앞뒤를 잰다   ④ 담을 쌓는다

2.

> 요즘 패스트푸드점에 설치된 키오스크 앞에서 낯선 주문 방법에 (   )
> 사람들은 비단 기성세대만이 아니다. 젊은 세대 역시 직관적으로 터치스크
> 린을 작동하기는 하나 처음 보는 기계에는 다소 당황하기 마련이다. 이에 일
> 부 패스트푸드점은 키오스크로만 주문을 받을 경우, 의무적으로 최소 1명의
> 점원을 두고 원활한 주문이 이루어 질 수 있도록 고객의 편의를 고려하기로
> 하였다.

① 고개를 숙이는   ② 진땀을 흘리는
③ 머리를 맞대는   ④ 발목이 잡히는

3.

> 전화 상담원에게 폭언, 욕설을 하거나 모욕을 주어 심리적인 피해를 입힌
> 경우 내려지는 법적 처벌이 내년 이후 상향될 예정이다. 대면하지 않은 상황
> 에서 말로 가하는 폭력 또한 누군가의 마음에 (   ) 인식이 더욱 공고하
> 게 사회에 안착할 필요가 있다. 이에 따라 유선으로 행해지는 협박, 언어적
> 폭력, 모욕에 기존과 비교하여 강도 높은 처벌이 이루어질 예정이다.

① 열을 올릴 수 있다는   ② 못을 박을 수 있다는
③ 고개를 숙일 수 있다는   ④ 골치가 아플 수 있다는

4.

> 최근 청소년들 사이에서 사는 곳에 따라 친구를 가려 사귀는 것이 유행처
> 럼 번져 큰 사회 문제가 되고 있다. 요즘 중고생들은 메신저에 자기소개를 남
> 길 때 거주하는 건물 이름이나 동네를 함께 표기하여 부를 과시한다고 한다.
> 자기소개로 친구들의 생활 수준을 가늠한 후 자신의 가정과 경제력이 유사한
> 친구들을 사귀겠다는 것이다. 이들은 마치 결혼을 하기 위해 자신이 희망하
> 는 조건을 늘여놓고 (   ) 완벽한 배우자를 구하려는 듯한 태도를 취하
> 고 있다. 물질만능주의 폐해가 극단적으로 드러난 예이다.

① 앞뒤를 재면서   ② 가슴을 치면서
③ 귀를 기울이면서   ④ 발걸음을 맞추면서

タイプ⑥ 新聞記事の見出しを
よく説明している文を選ぶ

〈タイプ⑥〉は新聞記事の見出しを読んで、その内容を適切に説明している選択肢を選ぶ問題です。記事の見出し以外の情報がないため、提示されている表現を十分に理解できる豊富な語彙力と文法力が要求されます。

〈タイプ⑥〉の質問項目

1 記事の見出しをよく説明している文を選ぶ [問題25-27]

練習問題

1 記事の見出しをよく説明している文を選ぶ [問題25-27]

[1-4] 다음 신문 기사의 제목을 가장 잘 설명한 것을 고르십시오.

1.

> 현금 사용 불가한 패스트푸드 매장 개점, 찬반 의견 엇갈려

① 패스트푸드 매장에서의 현금 사용에 대한 투표가 열렸다.
② 향후 음식점 내 현금 사용을 대폭 줄이기 위한 토론회가 개최됐다.
③ 현금으로 결제할 수 없는 음식점에 대한 의견이 찬성과 반대로 나뉘었다.
④ 주주들의 투표로 현금 사용이 불가능한 매장의 개점 여부를 결정하고자 한다.

2.

> 인주시 공장 단지, 이익 창출에 눈멀어 노동자 안전은 뒷전

① 인주시에 있는 공장들은 타 지역 공장보다 노동 환경이 안전하다.
② 노동자의 안전을 최우선으로 생각하는 공장이 인주시에 증가하고 있다.
③ 인주시 공장 단지에서는 이익을 올리기 위해 안전한 근무 환경을 조성했다.
④ 인주시에 있는 공장들은 이익을 내는 것만 중시하여 안전 관리가 소홀하다.

47

3.

수확 앞두고 연일 이어지는 비, 농민들은 한숨

① 긴 가뭄 끝에 본격적인 장마가 시작되어 농민들이 안도하고 있다.
② 농산물이 자라기 시작하는 시기에 내린 폭우로 농민들이 피해를 입었다.
③ 예년보다 많은 강수량으로 농민들은 양질의 농산물이 수확될 것을 기대한다.
④ 농산물의 수확이 얼마 남지 않은 시점에 계속되는 비로 농민들이 힘들어한다.

4.

커피숍 내 일부 일회용품 사용 금지로 쓰레기 줄이기 효과 '톡톡'

① 커피숍에서 사용되는 일회용품을 모두 제한하여 이용자들이 불편을 겪었다.
② 커피숍에서의 일회용품 사용을 금지함으로써 쓰레기를 줄이는 데 효과를
   봤다.
③ 소비자들이 커피숍에서 나오는 쓰레기를 분리 수거 하여 환경 보호에 도움
   을 줬다.
④ 커피숍 내 쓰레기통에는 의무적으로 일회용품을 버릴 수 없게 하여 쓰레기
   가 줄었다.

タイプ⑦ 文章の中心となる考えや目的を選ぶ

〈タイプ⑦〉は、文章の中心となる考えや文章を書いた目的を選ぶことで、筆者が伝えようとしている内容をよく理解しているかを確認するタイプの問題です。このタイプに該当する問題は22、48で、問題22は中心となる考えを選ぶ問題、問題48は目的を探す問題です。どちらも筆者が文章を書く際に最も重要だと考えている内容であるという点から同じタイプに分類しています。それぞれ1問ずつしか出題されませんが、問題を解くための戦略を知っていれば容易に答えを選ぶことができるので、しっかりポイントをつかみましょう。

〈タイプ⑦〉の質問項目
1 文章の中心となる考えを選ぶ [**問題22**]
2 文章を書いた目的を選ぶ [**問題48**]

練習問題

1 文章の中心となる考えを選ぶ [問題22]
[1-4] 글의 중심 생각을 고르십시오.

1.

> 무인 결제 시스템이란 기계를 이용하여 소비자가 스스로 주문을 하고 결제를 할 수 있는 시스템을 말한다. 인건비를 부담스러워하는 사업자에게는 인건비를 절약하기 위한 좋은 방법이 될 수 있다. 소비자들에게도 직원의 눈치를 보지 않고 물건을 고를 수 있어서 좋고 사람이 몰리는 시간에 결제하는 시간을 절약할 수 있어 효율적이다. 물론 아직은 무인 결제 시스템이 불편한 소비자들도 있다. 특히 중장년층의 경우 낯설고 조금 어렵게 느껴질 수 있는데 사용 방법을 한번 배우면 쉽게 이용할 수 있고, 단점보다 장점이 더 많은 시스템이다.

① 무인 결제 시스템은 소비자들에게 불편함을 야기한다.
② 무인 결제 시스템은 사업자와 소비자에게 도움이 되는 시스템이다.
③ 소비자들은 무인 결제 시스템을 사용하면 물건을 빨리 골라야 한다.
④ 중장년층의 소비자들은 무인 결제 시스템을 받아들이기 어렵다고 생각한다.

2.

　전 세계가 하나의 시장으로 여겨지는 세계화 시대에서 영어를 잘하는 사람이 직장이나 사회에서 좋은 대우를 받는 시대가 왔다. 그러나 한국 사회에서 공교육만으로는 실용적인 영어를 습득하기 어렵다는 의견이 많다. 영어를 잘하기 위해서는 따로 다른 사교육을 받거나 개인적으로 더 많은 노력을 기울여야 한다. 이러한 배경에서 조기 영어교육이 이슈가 되고 있다. 조기 영어교육은 많은 교육비, 아이들에게 주는 학업 스트레스, 모국어 습득에 방해가 되는 단점들로 비판의 시선도 적지 않다. 그러나 이러한 단점들을 개선하여 교육이 이루어진다면 장기적인 관점에서 봤을 때 아이가 성장하면서 갖출 수 있는 하나의 강력한 경쟁력이 될 수 있을 것이다.

① 한국 사회에서는 영어를 잘해야 한다.
② 공교육만으로도 영어 실력이 좋아질 수 있다.
③ 조기 영어교육을 비판적으로 바라보는 사람들이 많다.
④ 세계화 시대에서 아이에게 적절한 조기 영어교육은 필요하다.

3.

　파이어족은 젊었을 때 경제적으로 자립하여 늦어도 40대에 일찍 직장을 은퇴하기를 희망하는 사람들을 말한다. 파이어족은 경제적으로 자립하기 위해 젊었을 때 임금을 극단적으로 절약하거나 노후 자금을 빨리 확보하기 위해 노력한다. 사회적인 노동 활동에서 벗어나 스트레스를 받지 않고 자신의 행복을 추구하는 파이어족들은 최근 많은 사람들에게 선망의 대상으로 여겨진다. 그러나 파이어족의 극단적인 절약과 청년들의 생산활동 감소는 금융위기로까지 이어질 수 있는 심각한 경제 문제를 야기할 수 있다. 많은 경제 전문가들은 파이어족을 희망하는 청년들에게 직장을 완전히 그만두기보다는 싫어하는 일이나 돈 때문에만 하는 일을 멈추고 실제로 즐길 수 있는 일을 찾아보는 것을 조언한다.

① 파이어족의 증가는 경제적으로 부정적인 영향을 미칠 수 있다.
② 파이어족은 스트레스를 받지 않고 자신의 행복을 추구할 수 있다.
③ 파이어족의 절약과 생산활동은 경제적으로 사회에 많은 도움을 준다.
④ 경제 전문가들은 청년들에게 돈 때문에 하는 일을 멈추라고 조언한다.

4.

　　오늘날 한국 사회의 직장 내에는 다양한 세대가 함께 일을 하고 있다. 늘어난 수명과 함께 경제 활동 연령이 높아지면서 중간 관리자급인 70년대생부터 신입인 90년대생까지 한 사무실에서 근무한다. 직장 내 다양한 세대의 협업은 노련한 사회 경험과 새로운 아이디어와 같은 다양한 장점을 보여줄 수 있지만 세대 차이 때문에 갈등을 야기하기도 한다. 상사의 업무 지시가 비효율적이거나 월급에 비해 업무량이 많다고 느껴지면 90년대생은 바로 불만을 표현한다. 그렇지만 상사의 업무 지시에 무조건 따르는 환경에서 근무했던 70년대생들은 이러한 신입의 태도에 당황한다. 두 세대 모두 어느 한 편에 잘못이 있는 것은 아니다. 서로가 다른 환경에서 자라 왔는데 현재 같은 환경에서 업무를 하게 되어서 의견이 충돌하고 있을 뿐이다. 기성세대와 신세대들이 직장 내에서 서로의 사고방식의 차이를 있는 그대로 받아들이고 수용할 줄 아는 자세와 배려심이 필요한 시대가 되었다.

① 한국 사회에서는 직장 내 다양한 세대가 함께 근무한다.
② 고령화 현상과 함께 과거보다 경제 활동 연령이 높아졌다.
③ 신세대는 상사의 비효율적 지시에 참지 않고 바로 표현한다.
④ 직장 내 세대 간 갈등을 해결하기 위해 서로 이해하는 태도가 필요하다.

② 文章を書いた目的を選ぶ〔問題48〕

[1-4] 글을 쓴 목적으로 알맞은 것을 고르십시오.

1.

> 다양한 저작물 사이에서 표절과 관련된 의혹이나 분쟁이 끊이지 않고 있다. '표절'이라는 용어는 일반적으로 두 저작물 간에 실질적으로 표현이 유사한 경우는 물론, 전체적인 느낌이 비슷한 경우까지 폭넓게 사용되고 있다. 이러한 표절은 타인의 저작물을 자신이 창작한 것처럼 속였다는 도덕적 비난이 강하게 내포되어 있다. 그러나 표절이라고 평가하기 전에 주의해야 할 것이 있다. (   ) 비교하는 대상이 저작물에 해당하지 않거나 저작권법의 보호 대상이 아닌 아이디어의 영역이 유사한 경우까지 표절이라는 용어를 사용한다는 점에서 아이디어 자체는 보호하지 않고 창작성 있는 구체적인 표현만을 보호하는 저작권 침해와 구별해야 할 필요성이 있다.

① 표절 사례를 분석하기 위해서
② 표절의 문제를 제기하기 위해서
③ 표절의 경계성을 역설하기 위해서
④ 표절과 저작권 침해와의 차이를 설명하기 위해서

2.

> 오늘날 지역 이기주의는 다양한 사회적 문제를 야기하는 부정적인 현상으로 평가된다. 그러나 민주주의의 관점에서 지역 이기주의는 민주주의의 미완성에서 비롯된 것이라는 입장으로 볼 수 있다. 지역화된 이익을 추구하는 것은 민주주의적 다원성이 일반화된 국가에서는 보편적인 현상이다. 그러나 이러한 이해관계가 지역 갈등과 지역 이기주의라는 형태로 나타난다는 것 자체가 우리 사회에 다원주의가 자리잡고 있지 못하다는 사실을 알려준다. (   ) 지역 이기주의는 민주주의의 부정적인 단면으로 이해되어서는 안되며 오히려 보다 높은 민주주의를 향한 과정의 하나로 인식되어야 한다. 다만 문제는 지역 이기주의를 민주주의라는 가치 하에서 어떻게 적절하게 순화시키며 다양한 이해관계 속에서 합의를 도출시킬 수 있는 제도적 완충 장치를 마련되어야 할 것이다.

① 지역 이기주의를 소개하려고
② 지역 이기주의를 분석하려고
③ 지역 이기주의의 문제점을 제기하려고
④ 지역 이기주의에 대한 새로운 시각을 제시하려고

3.

　최근 돈을 벌기 위해 일하지 않고 일할 계획이 없는 청년 무직자, '니트족'이 증가하고 있는 추세다. 우리나라 '청년 니트족' 비중이 증가함에 따라 국가적으로 큰 경제적 손실이 발생하고 있다. 저출산과 고령화 현상으로 인한 인구구조 변화와 함께 생산가능인구가 지속적으로 감소하고 있는 상황에서 청년 니트족은 노동력 부족 문제를 더욱 심화시키고 있다. (　　　　) 전문가들은 향후 청년층 니트족들을 노동 시장으로 유도하기 위해 대안을 마련해야 한다고 입을 모은다. 대안을 마련하기 위해서는 니트의 근본적인 문제를 해결해야 한다. 사회 생활에 대한 두려움, 취업 의욕 상실 등의 문제를 해결하기 위해서는 청년층을 위한 취업 지원과 심리 상담 프로그램이 필요하다. 뿐만 아니라 니트족 비중 감소를 위해 투자와 노동 시장 개혁, 일자리 창출 등의 문제도 개선해야 한다.

① 노동력 부족 문제의 원인을 밝히기 위해
② 니트족이 인기 있는 이유를 설명하기 위해
③ 청년 니트족 문제의 해결 방안을 살펴보기 위해
④ 인구구조의 변화와 니트족의 관계를 분석하기 위해

4.

　헬리콥터 부모란 자녀의 양육과 교육에 지나칠 정도로 관심을 쏟는 부모를 일컫는 용어다. 이름과 같이 헬리콥터처럼 자녀의 머리 위를 맴돈다고 해서 붙여진 이름이다. 헬리콥터 부모는 자녀의 청소년기를 넘어서 성인이 되어서도 영향력을 행사한다. 대학에서는 자녀의 성공적인 취업을 위해 학점에 문제가 생기면 말도 안 되는 이유로 항의하거나 자녀의 출석 시간을 위해 부모가 대신 대리 출석하는 경우도 있다. (　　　　) 헬리콥터 부모는 자녀의 사생활에도 간섭한다. 자녀의 SNS 게시물에 대해 참견하고 자녀의 일상생활을 하루종일 살핀다. 이러한 헬리콥터 부모는 자녀에게게도 나쁜 영향을 준다. 가까운 곳에서 모두 챙겨주는 헬리콥터 부모 때문에 자녀들은 성년이 되어도 스스로 결정하지 못하고 자기 결정 장애를 앓고 살아가게 된다는 견해가 있다.

① 헬리콥터의 원리를 설명하기 위해
② 헬리콥터 부모의 행동을 분석하기 위해
③ 헬리콥터 부모들에게 조언을 해주기 위해
④ 헬리콥터 부모가 자녀에게 미치는 영향을 제시하기 위해

タイプ⑧ 人物の心情や態度を選ぶ

〈タイプ⑧〉は、文章に表れている人物の心情や態度を選ぶ問題です。TOPIK Ⅱの読解問題の最後の部分に出てくるタイプの問題であるため、残り少ない時間で長い文章を素早く読み、全体の流れを把握しなければなりません。総じて、人物の心情を選ぶ問題では主に小説が出され、人物の態度を選ぶ問題の場合は、あることに対する筆者の見解が表れる文章が出題されます。

〈タイプ⑧〉の質問項目
1 下線部の人物の心情を選ぶ［問題23, 42］
2 下線部の人物の態度を選ぶ［問題50］

練習問題

1 下線部の人物の心情を選ぶ［問題23, 42］

[1-4] 밑줄 친 부분에 나타난 나의 심정으로 알맞은 것을 고르십시오.

1.

　친구가 약속 시간에 늦는다기에 근처 카페에서 커피를 마시며 기다리기로 했다. 따뜻한 커피를 한 잔 주문하고 밖이 보이는 곳에 자리를 잡아 앉았는데 내 옆에는 서너 살쯤 돼 보이는 아이와 엄마가 앉아 있었다. 엄마는 아이를 제자리에 앉히려고 했지만, 어찌나 활기 넘치는 녀석인지 도통 말을 듣지 않아 애를 먹고 있는 모양이었다. 3분쯤 지나 주문한 커피를 받아서 들고 오니 그 짧은 사이에 무슨 일이 있었는지 아이 엄마의 음료는 반쯤 쏟아져 있었고, 아이는 그 와중에도 가만히 있지를 못해 엄마는 한계에 다다른 모습이었다.

　그때 "너 자꾸 이렇게 말 안 들으면 이 이모한테 아주 혼쭐 내달라고 할 거야!"라며 아이 엄마는 대뜸 나를 가리켰다. 이 여성은 아이에게 따끔하게 뭔가 한마디 해 달라는 듯한 눈빛을 나에게 연신 보냈다. <u>조카도 없는 나는 생전 처음 겪는 일에 어찌할 바를 몰라 멀뚱멀뚱 서 있기만 했다.</u> 결국 어색한 분위기에 나는 "그러지마…!"라고 아이에게 작게 읊조리고 조용히 자리에 앉았다.

① 불안하다
② 곤란하다
③ 안심하다
④ 희망하다

2.

　누구보다 수학을 싫어했던 나는 중학교 2학년 때 우리 반에 들어오신 수학 선생님 덕분에 수학에 흥미를 갖게 됐다. 언제나 인자한 미소에 어딘가 모르게 푸근한 느낌이 들던 그 선생님은 학생들에게 제2의 엄마 같은 존재였다. 나 역시도 누구보다 선생님에게 많이 의지했고, 선생님과 더 이야기하고 싶고 가까워지고 싶은 마음에 수학 공부에 열중하게 되었다. 다만 남들보다 기초가 부족했던 터라 쉬운 문제도 따라가기가 벅찼고 종종 선생님께 따로 질문을 드리곤 했다. 처음에는 질문을 하는 것조차 부끄러웠지만 용기를 내서 질문한 내가 기특하다며 예뻐해 주시는 선생님 덕분에 자연스레 방과 후 교무실에 질문을 드리러 찾아가는 것이 하나의 일상이 됐다. 하루는 교실 청소를 마치고 평소보다 좀 늦게 수학 질문을 하러 교무실에 갔는데 교무실 안에서 수학 선생님과 옆자리 역사 선생님이 이야기를 나누는 소리가 들렸다.
　"오늘은 걔가 웬일로 안 온대?" "몰라, 귀찮아 죽겠어. 수학 질문 지겹다니까 정말."
　나는 교무실 문 앞에서 고개를 숙인 채 한참을 서 있었다. 천사 같던 선생님의 미소가 머릿속에서 일순간 사라졌다. 선생님의 속마음도 모르고 매일 찾아온 내가 한심하고 바보 같았다. 나는 두 번 다시 교무실에 찾아가지 않았다.

① 희망하다
② 실망하다
③ 답답하다
④ 조급하다

3.

　이런 시골은 싫다며 죽기 살기로 공부해서 서울에 있는 대학교에 들어간 후, 서울에 있는 회사에 취직해서 홀로 타향살이를 한 지 어느덧 15년이 흘렀다. 20대 중반까지는 서울이 최고라며 내 눈에 흙이 들어와도 돌아가지 않겠노라 다짐했지만 회사 생활에 지쳐 집에서 혼자 맥주로 목을 축일 때면 언제부턴가 "그래, 깡촌에 진짜 아무것도 없었지만, 그때도 나름대로 좋았지."라고 생각하는 날이 늘었다. 인간은 원래 내 손 안에 있을 때는 소중함을 모른다고 하더니 고향을 떠나고 나서야 불현듯 느껴지는 소중함이었다. 회사와 집을 무한 반복하는 쳇바퀴 같은 일상은 도시의 화려한 네온사인도, 2호선을 타고 지날 때 보이는 한강과 63빌딩의 번쩍임도 무색하게 만들었다.

　"김치는 있어? 밥은 잘 챙겨 먹는 거야?"

　"김치 있어. 보내지 마. 저번에 받은 것도 다 못 먹었어."

　"그거 얼마나 된다고 아직도 다 못 먹었어? 밥 먹고 다니는 거 맞아?"

　"에휴, 맞대도…. 엄마 나 피곤하다. 끊을게."

　"주원아!"

　점점 마음속 어딘가가 텅 비어가는 게 전화를 타고 전해졌는지 늘 하는 안부 전화를 끊고 며칠이 지난 뒤 부모님과 부모님 댁 근처에 사는 언니 부부까지 모두 서울로 놀러 오겠다고 하는 게 아닌가. 처음엔 성가시게 단체로 뭘 오냐고 오기만 해보라고 큰소리를 쳤지만 못 이기는 척 어느새 역에서 집까지 오는 법을 꼼꼼하게 알려주는 나를 발견했다. 그동안 내가 말을 안 하면 아무 소리도 안 들리던 집에서 대여섯 명의 목소리가 쉴 새 없이 들리니까 귀찮기도 했지만 그 소음이 싫지 않았다. 사람 사는 게 이런 거구나. 정말 오랜만에 느꼈다.

　"반찬 떨어지면 얘기해. 굶지 말고"

　"내가 무슨 초등학생이야? 혼자 밥도 못 차려 먹게."

　"엄마가 얘기할 때 그냥 고맙다고 해."

　"언니는 진짜 내 편은 안 들고…. 빨리 가 이제!"

　"저 성질머리는 진짜. 간다 가!", "처제 잘 있어. 또 올게!"

　"다들 조심히 가요! 도착하면 전화하고!"

　서울역에서 가족들을 배웅하고 집으로 돌아왔다. 여느 때나 다름없는 조용함이었지만 이틀간 시끌벅적했다고 갑자기 이 적막함이 너무나도 낯설게 느꼈다. 집도 텅 비었지만 내 마음속이 텅 비어버린 것만 같았다. 그리고 그 날 나는 결심했다. 이제 그만 고향으로 돌아가자고.

① 비참하다
② 허전하다
③ 억울하다
④ 곤란하다

4.

나는 삼수를 하고 대학에 들어간 탓에 동기들보다 언제나 형, 오빠였지만 가정 형편이 넉넉하지 않아 아르바이트로 생활비에 학비까지 벌어야 하니 마음 놓고 "오늘은 형이 살게!" 소리 한번 못한 채 대학 생활이 끝났다. 입학할 때는 세 살 차이였지만, 학비를 마련해야 하니 휴학, 복학이 반복되어 졸업할 때쯤엔 같이 수업을 듣는 학생들보다 못해도 여섯, 일곱 살은 더 위였다. 나이가 많다고 꼭 밥을 살 필요는 없지만 그래도 한 번 정도는 동생들에게 학식 한 그릇 사주고 싶은 그런 날이 있지 않나. 아쉽게도 학교를 다니는 내내 멋있게 한턱낼 수 있는 날은 오지 않았다. 오히려 아르바이트에 시달리는 날 보며 동생들이 밥은 챙겨 먹고 일하는 거냐고 간식거리를 건네주곤 했다.

그중에서도 영진이는 나를 잘 따르고, 가끔은 나보다 더 형처럼 챙겨주던 녀석인데 다시 수능 준비를 하겠다며 휴학을 했고 나는 마침 그때 군 복무가 시작되어 자연스레 연락이 끊겼다. 요즘 같아선 인터넷으로 이런저런 연결고리를 금방 찾을 수 있지만 내가 학교 다닐 때는 삐삐가 전부였던 세상이라 한번 연락이 끊기면 좀처럼 찾기가 어려웠다. 더군다나 영진이는 독한 마음을 먹고 공부하겠다고 동기들, 선후배들과도 연락을 끊고 잠적했던 터라 더더욱 멀어질 수밖에 없었다.

그렇게 세월이 흘러 나는 두 딸의 아버지가 되었다. 주말에 친구 모임에 다녀오겠다는 아내를 약속 장소에 데려다주고 집에 곧장 돌아오려 했으나 외식하자고 떼를 쓰는 딸들의 외침에 못 이겨 결국 한 식당에 들렀다. 그런데 어디에서 많이 본 얼굴이 "어서 오세요!"라고 우렁찬 인사를 하는 것이 아닌가. 영진이었다. 나는 너무나도 반가운 마음에 잡고 있던 딸아이의 손도 놓은 채

"야! 영진아!"라고 소리치며 달려갔고, 영진이도 나를 알아보고는 "형!"이라며 덥석 안겼다. 식사를 마치고 서로 얼마 만이냐, 그동안 어떻게 지냈냐 한참을 떠들고 나니 딸아이들은 심심함에 지쳐 의자에 앉아 졸고 있었다. 더는 안되겠다 싶어서 계산하려고 바지 뒷주머니에 손을 넣었는데 아무것도 없었다. <u>나는 순간 몸이 얼어붙은 것처럼 일시 정지 상태가 되었다.</u> 바지 앞주머니인가? 식당 의자 밑에 떨어졌나? 차 안에 있나? 지갑의 행방을 생각해보니 원래 아내만 데려다주고 곧장 집에 돌아갈 예정이었기에 집에서 들고나오지 않은 것이 떠올랐다. 결국, 사정을 말하고 집에 가서 지갑을 가져온 후 음식값에 용돈을 조금 보태 영진이 손에 쥐어주고 왔다. 모처럼 멋있는 선배가 돼보려고 했는데 하늘도 무심하다는 생각을 하며 집에 돌아왔다.

① 당황스럽다
② 짜증스럽다
③ 불만스럽다
④ 절망스럽다

2 下線部の人物の態度を選ぶ［問題50］

[1-4] 밑줄 친 부분에 나타난 필자의 태도로 알맞은 것을 고르십시오.

1.

수도권 외국인 거주자 수가 역대 최고치를 기록하면서 각 자치구에서는 재활용품 분리 수거 배출에 대한 안내 책자를 다국어로 번역하여 외국 국적 주민들에게 배부하기로 했다. 세계 최고 수준의 재활용률을 유지하기 위해서는 매우 세부적인 규제가 요구되는데 한국어에 익숙하지 않은 외국인 거주자들이 이에 대해 모어가 아닌 다른 언어로 안내를 받고 이해하기에는 다소 어려움이 있다. 따라서 분리 수거 안내문을 각국의 언어로 번역하여 한국어 숙달도에 상관없이 쉽게 분리 수거에 참여할 수 있도록 장려하겠다는 취지이다. 그러나 각 자치구에서 언어권 별로 안내문을 외국인 거주자에게 우편 배송하기 위해서는 많은 시간과 노력이 필요하다. <u>또한 무사히 주민들에게 안내문이 전달되었다 할지라도 이를 보고 얼마나 적극적으로 관심을 가질지, 실천으로 옮길지는 미지수이므로 많은 난관이 예상된다.</u> 그러므로 해당 서비스가 시행하기까지 예산 낭비에 그치지 않을 방안을 구체적으로 모색해야 할 것이다.

① 새롭게 시행되는 분리 수거 안내문 전달 서비스의 실효성을 우려하고 있다.
② 실현 가능성이 희박한 분리 수거 안내서비스를 중단할 것을 주장하고 있다.
③ 다국어 분리 수거 안내 서비스를 실현시킨 자치구의 추진력에 감탄하고 있다.
④ 재활용품 분리 수거에 대한 일부 주민들의 무관심을 강력하게 비판하고 있다.

2.

올해 전기차에 대한 보조금의 세부적인 내용이 대폭 개정될 예정이다. 그동안 전기차를 구매할 때만 일부 세금이 면제된 반면에 올해부터는 구매 후에도 전기차를 유지하는 데 실질적으로 도움이 될 만한 혜택들이 대거 등장하여 운전자들의 부담을 대폭 덜 것으로 보인다. 전기차 보급에 박차를 가하기 위해 내놓은 안들을 구체적으로 살펴보면 고속도로 통행료 할인안 개편, 개별 소비세 및 취득세 면제, 자동차세 감면, 공영 주차장 주차요금 일부 면제 등이 있다. 일부 시간대에만 할인이 되던 고속도로 통행료를 모든 시간대로 확대하고, 공영 주차장 이용 시 두 시간에 해당하는 요금을 감면하겠다는 것이다. 또한 전기차 구매의 진입 장벽을 낮추고자 차량 구매 및 유지에 필수 불가결한 세금도 매우 파격적인 감면안을 제시하고 있어 전기차 구매를 희망하는 사람들에게는 좋은 소식이 될 전망이다.

① 유명무실한 기존 전기차 보조금의 개편이 시급하다고 주장한다.
② 전기차 판매량이 증가하였을 때만 혜택이 늘어나는 것을 우려하고 있다.
③ 기존에 면제되던 세금이 다시 부과되는 것에 대해 강력하게 비판하고 있다.
④ 전기차 보유자들이 누릴 수 있는 실질적인 혜택이 늘 것으로 예측하고 있다.

3.

국내 최대 규모의 포털 사이트 이티아에서는 지난달 15일부터 말일까지 모든 기사에 실명으로만 댓글을 달 수 있게 하였다. 유명인, 일반인을 막론하고 악성 댓글로 피해를 입는 사건이 끊이지 않자 이에 극약처방을 한 것이다. 해당 사이트는 작년부터 연예 관련 기사에 한하여 댓글 창을 닫아 두었지만 악성 댓글을 줄이기 위한 근본적인 해결책이 될 수 없다고 판단하여 이와 같은 결단에 이르렀다고 설명한다. 일부에서는 <u>익명성의 보장이야 말로 인터넷의 장점인데 이티아의 결정은 이를 무시하였을 뿐만 아니라 사생활 침해가 될 수 있다고 주장하였으나 악성 댓글이 만연한 인터넷 세상에 경종을 울렸다는 측면에서 의미가 깊다.</u> 보름간 댓글 실명제를 도입한 결과 악성 댓글은 76% 감소하였고, 익명으로 댓글을 남길 때보다 훨씬 양질의 의견들이 제시되었다는 평이 주를 이루었다. 또한 이티아 사용자들 역시 다시 댓글 실명제를 시행하는 데 찬성한다는 의견이 62%로 반수 이상 긍정적인 평가를 내렸다.

① 실명 댓글 제도를 시행했을 때 야기되는 사생활 침해를 우려한다.
② 익명성 보장만을 강요하는 일부 네티즌들을 강력하게 비판하고 있다.
③ 비록 실패로 끝났지만 인터넷 댓글 문화를 개선하려고 했다는 점을 인정하였다.
④ 악성 댓글이 당연시되는 인터넷 문화를 되돌아보게 한 것을 긍정적으로 평가했다.

4.

국내 여행 열풍이 불면서 지역 특산물 경쟁이 가속화되는 가운데 인주시에서는 누구에게나 친근한 과일을 고급 주류로 개발하여 큰 주목을 끌고 있다. 포도 생산량 전국 1위로 유명한 인주시는 그동안 부진해진 포도 판매량에 골머리를 앓고 있었는데 이를 만회하고자 포도로 주전부리, 잼 등의 가공 상품을 생산해 왔다. 그러나 포도로 만든 과자가 소비자에게는 다소 낯설어 구매로 이어지지 않았고, 잼은 너무 흔하다는 이유로 지역 특산물로서 특색을 갖추지 못해 판매가 저조하였다. 이에 인주시는 지역 시민이라면 누구나 참여할 수 있는 특산물 아이디어 공모전을 열어 새로운 상품 개발에 주력하였는데 이 공모전에서 발탁된 아이디어 상품이 요즘 전국적으로 인기를 끌고 있는 포도 소주이다. <u>이 상품의 인기는 지역 부흥을 위해 시를 움직이는 결정은 일부 관료가 한다는 고정관념을 버리고 열린 정책을 시도하여 끌어낸 쾌거라 할 수 있다.</u> 인주시는 시민들의 의견을 최대한 수렴하여 국내 굴지의 주류업체와 협업을 이루는 등 포도 소주 개발에 박차를 가했으며 농가와 구매자가 모두 만족할 수 있는 상품을 만들어냈다.

① 전문가의 의견이 고려되지 않은 경제 활성화 정책을 비판하고 있다.

② 시민들의 의견을 적극적으로 수용한 지자체의 판단을 높이 평가한다.

③ 지역 밀착형 경제 발전을 위해 지자체 시민단체의 협력을 제안하였다.

④ 소수의 정책 자문팀을 구성하여 경제활성화를 이뤄야 한다고 주장한다.

解答・解説

練習問題　訳と解答

1 空欄に入る文法表現を選ぶ［問題1-2］

[1-4]（　　　）に入る最も適切なものを選びなさい。

1. 週末に家族と一緒に新しくできた食堂でご飯を（　　　　）。

① 食べることにした　　② 食べているところだ

③ 食べるほうだ　　　　④ 食べると見られる

> 正解 ①
>
> 「週末に」とあるので、「ご飯を食べた」という過去の出来事かこれからの計画を述べると考えられる。よって、〈計画〉を表す −기로 했다（〜ことにした）が文脈に合う。

2. 弟が夜の12時を（　　　　）帰って来ないので心配だ。

① 過ぎるが　　　　　　　　　　② 過ぎてこそ

③ 過ぎるまで（「過ぎても」の意味）　④ 過ぎたら

> 正解 ③
>
> 「夜の12時を過ぎる」という内容と「そのようになるまで」という意味を表す連結語尾の −도록 が結合して「弟が夜の12時を過ぎるまで（過ぎても）帰って来ないので心配だ。」とするのが適切。

3. 青果店でリンゴを安く（　　　　）10個も買った。

① 売っているはずなのに　　② 売っていたので

③ 売るために　　　　　　　④ 売ってはいるが

正解 ②

「リンゴを安く売る」という内容が後の「(リンゴを) 10個も買った。」という行動の根拠になっている。よって、偶然発見した状況が〈根拠・理由〉になるときに使う -길래 (〜ので、〜から) を選ばなければならない。

4. 1週間に映画を5本くらい見ているのでよく (　　　　)。

① 見るものだ　　　　② 見ているところだ

③ 見たことがある　　④ 見ていると言える

正解 ④

〈理由〉を表す -(으)니까 (〜から、〜ので) の前に「1週間に5本」のような規則的な行動、量、回数などが来ると、根拠を挙げて相手に自分の判断、意見をいくらか間接的に表す -는다고 할 수 있다 (〜だと言える) が続くのが適切である。

2 下線部と似た文法表現を選ぶ [問題3-4]

[1-4] 次の下線を引いた部分と意味が似ているものを選びなさい。

1. 今日バスに乗り遅れたので、遅刻した。

① 乗り遅れたせいで　　② 乗り遅れたついでに

③ 乗り遅れる代わりに　④ 乗り遅れ次第

正解 ①

-는 바람에 (〜ので、〜せいで) は否定的な結果を招いた原因を表現するときに使う。選択肢の中で最も似ているのは①の -(으)ㄴ 탓에 (〜せいで) である。

2. 今日1時間歩いて学校に行ったから運動したのと同じだ。

① 運動したというわけだ　　② 運動したせいだ

③ 運動するに決まっている　　④ 運動のやり方次第だ

正解 ①

-(으)ㄴ/는 것이나 마찬가지이다（～のと同じだ）は前に提示された状況と後の状況が似ていることを表す。選択肢の中では①の -(으)ㄴ/는 셈이다（～たわけだ）がそれと似た意味の文法表現である。

3. 週末に家にだけいるのではなく、公園で散歩するのはどうですか？

① いる間　　② いないで　　③ いる上に　　④ いてみると

正解 ②

-(으)ㄹ 게 아니라（～ではなく）は、前の行動をせずに後の行動をすることをやんわりと提案する状況で使う。②の -지 말고（～（し）ないで）が同じ意味である。

4. 成功は努力にかかっている。

① 努力するようだ　　② 努力するだけだ

③ 努力次第だ　　④ 努力しがちだ

正解 ③

-기에 달려 있다（～にかかっている）は -기에 の部分に来る行動によって結果が決まるという意味を表す文法表現である。③の -기 나름이다（～次第だ）も同じように -기 の部分に来る行動によってその結果が決まるという意味がある。

タイプ② 適切な主題を選ぶ

練習問題　訳と解答

1 主題語を選ぶ［問題5-8］

【1-4】 次は何に関する文であるのか選びなさい。

1.

１日に必要な栄養がこの一本にぎゅっと

体に必要な野菜を毎朝飲みましょう。

① 菓子　　② ジュース　　③ 牛乳　　④ コーヒー

正解 ②

「栄養、一本、野菜、飲む」というキーワードから、②のジュースに関する広告だとわかる。

単語　□영양 栄養　□필요하다 必要だ

2.

衣類から家電まで破格の*値下げ*！

今年最後のチャンスをお見逃しなく！

① 写真館　　② コンビニエンスストア　　③ デパート　　④ 映画館

正解 ③

「衣類から家電まで値下げする」という内容から、これらの多様な商品を販売する③のデパートに関する広告だとわかる。

単語　□의류 衣類　□가전 家電　□파격적 破格（の）　□가격 価格
　　　□인하 引き下げ

3.

> 私が捨てた小さな火種
> 　自然も人も、すべての生命を奪っていきます。

① 火災予防　　② 健康管理　　③ 天気情報　　④ 自然保護

正解 ①

「火種、自然、人、命、奪う」というキーワードから、ポイ捨てしたタバコなどの火種によって、自然だけでなく人的被害も含んだ火災が発生する可能性があることを警告する内容だとわかる。

単語　□불씨 火種　□생명 生命　□앗아가다 奪う、奪い取る

4.

> ※ 必ず食間に服用してください。
> ※ 薬を服用した後、4時間以上の間隔を空けて次の薬をお飲み
> 　くださいい。

① 商品紹介　　② 場所の問い合わせ　　③ 使用順序　　④ 注意事項

正解 ④

「食間、服用、薬、飲む」というキーワードや -해야 한다（～しなければならない、～してください）という表現が繰り返し出てくることから、薬を服用するときの注意事項であることがわかる。

単語　□식간 食間　□복용하다 服用する　□텀 間隔、ターム

② 主題文を選ぶ 1 ［問題35－38］

[1-4] 次の文章の主題として最も適切なものを選びなさい。

1.

　洗濯洗剤を多めに入れると、いつもよりすっきりきれいに洗濯ができそうな気がする。しかし、これは我々の希望的観測に過ぎない。A 決められた量より多い量の洗剤を入れても洗浄力には大きな差がない。むしろきれいにすすがれず、洗濯物に洗剤が残ることがあり、これによって繊維が傷んだり変色を起こしたりすることがある。★ したがって、過度の欲を捨て、洗剤に表示されている適正量を守ることが最もきれいに洗濯をする方法である。

① 洗濯（用の）洗剤は使用量によって洗浄力の差が大きく現れる。
② 洗濯物を十分にすすがないと、繊維が損傷してだめになることがある。
③ きれいな洗濯の最善の方法は洗濯物の量に合わせて洗剤を入れることである。
④ 繊維の傷みと変色を防ぐためには、商品の指針（洗濯方法）に合った洗剤を使わなければならない。

正解 ③

A で決められた量より多くの洗剤を入れても洗浄力には差がないと述べた後、★ で適切な量を入れるのが最も正しい洗濯方法だと説明しているので、正解は③。

①は A に反する内容なので誤答。②は文章の一部と一致するが、文章の主題となる内容ではない。④は適切な種類の洗剤を選ばなければならないと言っているが、文章にこの内容は出てこない。

単語　□세제 洗剤　□정량 決まった量　□헹구다 すすぐ
　　　□과하다 過度だ　□욕심 欲

練習問題　訳と解答　タイプ②

69

2.

　他の人に褒められたらシンプルに「ありがとうございます」と言う人より
も「いえいえ（そんなことありません）」と褒められたことを否定する人が
多い。相手の言葉に心から共感できないからというより、なぜか違うと言っ
てこそ謙虚な人のような気がし、あまりにも早く（褒め言葉を）受け取ると
傲慢に見えそうなので、たやすく「ありがとう」と言えない。★しかし、他
人からの褒め言葉にどう反応すべきか複雑に考える必要はない。純粋な心で
褒め言葉を受け取った後、笑顔で感謝の意を表せば、話した人も自分の褒め
言葉が相手を喜ばせたという事実を一緒に喜ぶことができるだろう。

① 褒め言葉を簡単に受け取れないのは人間の基本的な習性である。
② 他人の褒め言葉をありのままに受け入れて感謝の意を伝えたほうがよい。
③ 褒められたときは傲慢に見えないように謙虚に行動しなければならない。
④ 相手に感謝の意を表すときは、言葉だけでなく行動で示さなければなら
　　ない。

正解 ②

他人から褒め言葉を受け取ったときは、どのように反応すべきか難しく考
えず、純粋に感謝の意を伝えようという★の部分がこの文章の主題なので、
正解は②。
①は褒め言葉を簡単に受け取ると傲慢に見えるのではないかと憂慮すると
いう内容はあるが、「人間の基本的な習性」とは定義していないため誤答。
③は「謙虚に行動しなければならない」とは書かれていない。④は感謝を
行動で示さなければならないという内容は文章に出てこないので誤答。

単語　□칭찬 称賛、褒め言葉　□간결하다 簡潔だ
　　　□납득하다 受け取る、納得する　□부정하다 否定する
　　　□순수하다 純粋だ

3.

　誰かに過ちを犯したとき、相手の気持ちを和らげるためにやたらに申し訳ないという言葉ばかり繰り返す人がいる。しかし、★他人の心を推し量ることができないまま、その場だけを逃れようとする謝罪は、真心が伝わらない上に相手をさらに怒らせるだけである。Ａまず、（自分が）相手が怒る理由を十分に理解しており、自分が相手の立場で問題を見ていることを伝えなければならない。そして、今後同じことが起きないように具体的にどのような対策を立てるかを説明したほうがよい。その場から逃れようとせず、今の状況にどれだけ本気で取り組んでいるかを表現してこそ、相手の心を動かすことができる。

① 「申し訳ない」という言葉を繰り返すと信憑性が低くなり真心が伝わらない。
② 十分な共感と自己反省で相手が納得できるように謝罪しなければならない。
③ 言葉で謝罪をする前に行動で反省する姿を見せることが重要である。
④ 相手を心から理解できなくても共感しているような態度を取らなければならない。

正解 ②

★の部分でその場しのぎの謝罪はむしろ逆効果であると指摘し、Ａで正しい謝罪の方法を具体的に提示している。
①は文章全体を網羅する内容ではないので誤答。③はＡに相手に対する理解を（言葉で）伝えなければならないと書かれているので誤答。④は「心から理解できなくても」ということではなく、相手を心から理解する必要があると書かれているので誤答。

単語　□상대방 相手　□무작정 やたらに　□타인 他人　□대책 対策
　　　□세우다 立てる　□모면하다 逃れる、免れる　□상황 状況

4.

　　A職場において役職で呼ばれていた呼称をなくし、名前やニックネームで呼ぶ会社が増えている。役職から感じられる距離感や垂直的な社内雰囲気のため、お互いの意見を完全に共有するのは難しいという意見から始まった動きである。しかし、予想と違い、名前でお互いを呼び合う新しい流れに役職の高い職員たちが満足感を示し、若い職員たちは心的負担を感じていることがわかった。★呼称が変わっただけで、役職の力で部下の意見を無視する傾向は相変わらず残っており、問題の改善は行われないままぎこちなく名前で呼ばなければならない苦痛だけが増したということだ。形式だけが変わり、認識の変化が伴っていない結果である。

① 役職をなくし、すべて同じ平社員として勤務形態を変えた会社が増えた。
② 職場の新しい呼称文化に慣れようと努力する上の世代が急増している。
③ 上司を名前で呼ばなければならない方式に慣れていない社員たちの心理的苦痛が大きい。
④ 職場内の垂直的な雰囲気を改善するためには、社員の認識が先に変わらなければならない。

正解 ④

★から、職場での垂直的な雰囲気を改善しようと呼称を変えてみたが、認識の変化が伴わず、意図した結果になっていない点を指摘している文章であるとわかる。よって、正解は④。

①は「役職で呼ぶこと」をやめただけであって、役職は無くしていないため誤答。②はこのような内容は書かれていないため誤答。③は文章で述べられているが、文章全体を網羅する内容ではないので誤答。

単語　□직급 役職、職級　□호칭 呼称　□수직적이다 垂直的だ
　　　□공유하다 共有する　□만족감 満足感　□심적 心的
　　　□부담 負担　□강행하다 強行する　□인식 認識
　　　□기성세대　既成世代（現在の社会を引っ張っている年配の世代）

③ 主題文を選ぶ 2 ［問題44］

【1-4】 次の文章の主題として最も適切なものを選びなさい。

1.

　A 日常のささやかな幸せを追求する若年層が多くなり、彼らの間で甘いもので ストレスを解消することは新しい流行になった。このような流れに合わせて甘さを強調した飲み物や菓子、デザートなどが飛ぶように売れているが、食品業界だけでなくパン屋、カフェといった個人事業者が運営するお店でも、誰がより甘いものを売るかを競争するかのように B 甘さを前面に出した商品があふれている。このような食べ物を1、2回摂取したからといって健康が急激に悪くなるわけではないが、年齢に関係なく、糖を摂取し過ぎると、生活習慣病を誘発する可能性が高くなる。したがって、個々人が健康的な食習慣に対する正しい認識を持って適切な量の糖を摂取することも重要であるが、★何よりも利益を出すことだけに目がくらみ、健康に致命的な甘いものを一つの流行のようにあおる社会の雰囲気にブレーキをかけなければならないだろう。

① デザートで日常のささやかな幸せを感じる若者が増えた。
② 社会全般を通じて甘いものに対する危険性が認知されなければならない。
③ 甘さを強調する商品の誇大広告に制約を設けるべきだ。
④ 甘いものの適正摂取量を企業が大々的に公表しなければならない。

正解 ②

「甘いもの」というキーワードが繰り返され、A、B から若年層において甘いものが流行しており、これを好機として多数のデザート商品が発売されていることがわかる。しかし、その後の★の部分で、これは利益を出すことが優先で、健康については考慮されていないと述べられている。よって、正解は②。

単語　□일상 日常　□소소하다 ささやかだ　□추구하다 追求する
　　　□스트레스를 풀다 ストレスを解消する　□운영하다 運営する
　　　□경쟁하다 競争する　□섭취하다 摂取する

2.

　Ａ女子生徒はスカート、男子生徒はズボン。まるで絶対不変の公式のように存在していた学校の制服の固定観念を打破しようとする動きが全国各地で起きている。青少年が氷点下の天候でも必ずスカートをはかなければならず、真夏でも長ズボンをはかなければならない正当性はどこにもない。よって、自律性と多様性を尊重して性別で区分せずに生徒が着たい制服を選択し、時によっては登下校時に体育着を着ることを許可する学校が増加しているという状況である。もちろん制服を通じて学校への所属意識を持ち、母校の生徒であるという自負心を持つこともできる。しかし、これを具体的に規律化し、学生たちから必要以上の自由を奪った瞬間に、制服の根本的な存在理由は消え、何のための制度なのかについて疑問を投げかけることになる。★これからは学校の制服の定義は、学校の伝統、学生としての端正さ（端正な見た目）を要求する制服ではなく、成長する青少年たちがリラックスして学校生活を送れるように助けてくれる翼に変わらなければならないだろう。

① 制服のデザインを多様化することで生徒たちの多様性を認めている。
② 青少年期に制服を着ることで所属意識や共同体意識を育てることができる。
③ 季節感を考慮した制服制度を設けるために迅速な対応がなされなければならない。
④ 制服に対する形式的な規律にこだわらず、生徒たちの自律性を認めなければならない。

正解 ④
「制服」というキーワードが繰り返されており、Ａから定型化されている制服の枠組みをなくそうとする動きが現れていることがわかる。また、★の部分で、制服の役割はこれまでの規律を重視したものではなく、生徒たちの自律性を助けるものにしなければならないと述べられている。よって、正解は④。

3.

　多様なメディアによって、忙しい現代人の暮らしにおいて「自分だけの時間」を持つ大切さが強調されている。しかし、月曜日から金曜日まで休む間もなく働く現代の人々に、誰にも邪魔されず完全に A 自分だけの時間を作るのはなかなか容易なことではない。そのため、早朝（明け方）の時間を活用して趣味活動、運動、勉強などを楽しむ人が増えている。公共交通機関の始発が動き始める頃に起きて、出勤前に静かに一人でさまざまな活動をしながら自分だけの時間を満喫した後、会社に向かうのである。しかし、この世のすべての人が朝型人間ではないため、かえって早朝の時間を活用した後、急激な疲労感を感じたり、「私はなぜ他の人たちのようにもっと勤勉でないのか」と自分を責める人たちが急増している。「自分だけの時間」を確保するに当たり、一番先にしなければならないことは、自ら無理せず楽しめる時間を探すことであり、その時間（帯）を割くことに対する自分へのご褒美を与えなければならない。社会のあちこちで推奨され、ブームのように広がっている方法だからといって、必ずしも自分にも合うという保証はない。★したがって、早朝型人間、朝型人間が絶対的に正しいという考えを捨て、自分の体が受け入れられる自分だけの時計をじっくりと見つめる必要がある。

① 各自に最も合う時間帯を探し、個人の時間として活用したほうがよい。
② 朝型人間を強調するメディアに惑わされて無理してしまうと、健康に支障をきたす。
③ 早朝の時間帯を積極的に活用すれば、会社員でも時間を有効に使うことができる。
④ 個人的な時間を確保することができず、心的負担を吐露する現代人が増えている。

「自分だけの時間」というキーワードが繰り返され、Ａから早朝の時間帯を活用して趣味や自己啓発を行う現代人が増えていることがわかる。しかし★の部分で、すべての人が早朝型、朝型の人間ではないことや、自分に合う時間帯を見つけて活用するのが重要であると述べられている。よって、正解は①。

単語　□다양하다 多様だ　□매체 メディア　□방해 妨害
　　　□마련하다 用意する　□확보하다 確保する　□보상 補償、褒美
　　　□열풍 ブーム

4.

　一定期間、計画的に運動をして満足できるスタイル（体つき）になったことを祝うかのように記念写真を撮影する人が増えている。単純に考えれば、運動をして良い成果を得て写真に残すことに何も問題がないように思われる。Ａしかし実状は、このような記念写真を撮るために厳しい食事メニューのコントロールと運動を並行することになる。ここで最も大きな問題は、利那の（瞬間的な）美しさのために極端に体重を減量すると以前の体重に戻るヨーヨー現象（リバウンド現象）だけでなく、新陳代謝の体系を崩す深刻な副作用を引き起こしかねないという点である。結局、スリムで美しいスタイルは写真だけで残り、実質的には健康を害するケースが多い。それにもかかわらず、このような奇妙な現象が自己満足という名で若者の間で流行している。さらに、減量記念写真は、美しいスタイルというのは痩せて引き締まっていなければならないという強迫観念を生み出している。★他人に見せるための写真を一枚撮ろうと思い、自分の健康を担保にするのは、失うものがあまりにも多い。本当に健康な体と精神とは何かを深く考えなければならない時である。

① 健康管理をおろそかにする若年層が急激に増えた。
② 過度な撮影費用を要求する記念写真業者を糾弾しなければならない。

③ 短期間でハードな運動を繰り返すと、健康に致命的になりかねない。

④ 外見の美しさのみを追求するというよりは、内面と外面の健康管理に力
を入れなければならない。

正解 ④

「記念写真」というキーワードが繰り返されており、運動して減量した後
の自分の姿を記念に残すために撮る写真であるとわかる。しかし、Aで、
この記念写真のための体重減量によって引き起こされる副作用の深刻性が
述べられている。そして、最後の★の部分で、健康な体と精神についての
重要性を強調している。よって、正解は④。

単語 □계획적 計画的 □성과 成果 □식단 献立、食事メニュー
　　　□조절 調節 □병행 並行 □체중 감량 体重減量
　　　□부작용 副作用 □강박관념 強迫観念

タイプ③ 文章と同じ内容を選ぶ

練習問題　訳と解答

1 資料の内容と一致するものを選ぶ〔問題9−12〕

【1−4】 次の文章またはグラフの内容と一致するものを選びなさい。

1.

A 第22回外国人のど自慢大会

■ イベント日程：B 2022年5月28日(土)

■ 場所：中央公園前広場

■ 申込期間：2022年5月23日(月)〜5月28日(土)

※ のど自慢大会への参加をご希望の方は、★大会当日に C 現地で受付も可能ですし、ホームページからもオンライン受付が可能です。

① 大会は今年初めて開かれる。

② 大会は5日間行われる。

③ ホームページでのみ受付が可能だ。

④ 大会当日も参加申し込みができる。

正解④　(★は正解の根拠)

① → A から、大会は初めて開かれるわけではないとわかる。

② → B から、大会は1日だけ行われるとわかる。

③ → C から、現地での受付も可能だとわかる。

単語　□참가 参加　□당일 当日　□현장 접수 現地受付

　　　□가능하다 可能だ

2.

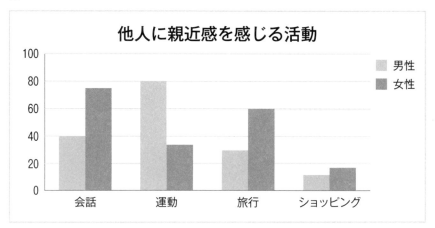

他人に親近感を感じる活動

① 女性は旅行を通じて親近感を最もよく感じる。
② 会話を通じて男女ともに親近感を最もよく感じる。
③ 男女ともにショッピングを通じて親近感を感じるケースが最も少ない。
④ 男性は運動より会話をするとき、他人と親近感をより感じる。

正解 ③
① → グラフから、会話を通じて親近感を最もよく感じる。
② → グラフから、男性は会話ではなく運動するときに親近感を最もよく
　　 感じる。
④ → グラフから、男性は会話より運動をするとき、親近感をより感じる。

単語　□타인 他人　□친밀감 親近感、親しみ　□경우 場合、ケース

3.

　朝忙しくて疲れているという理由で朝食を取らない人が多い。 **B** 食事を
取らないまま出勤したり家事をしたりすると健康に良くない。これは★昼食
の食べ過ぎの原因となり、 **A** ダイエットにも悪影響を及ぼす。 **C** 忙しい朝
にはゆで卵とブロッコリーが手軽で、各種の栄養素を素早く摂取できる健康

的な朝食になるだろう。前日に卵をゆで、ブロッコリーをゆがいて準備しておけば、朝は手間をかけずに健康的な食事を取ることができるだろう。

① 朝食を食べないことはダイエットに役立つ。
② 忙しい朝は食事をしなくても健康に影響がない。
③ ゆで卵とブロッコリーで準備する朝食は（その）準備過程が大変だ。
④ 朝食を食べなければ、昼食時に多く食べ過ぎる可能性がある。

正解 ④
① → Aで、ダイエットにも悪影響を及ぼすと述べられている。
② → Bで、健康に良くないと述べられている。
③ → Cで、手軽だと述べられている。

単語 □과식 食べ過ぎ □원인 原因 □악영향 悪影響
　　 □섭취하다 摂取する □번거롭다 手間がかかる、煩わしい

4.
　「グルテン」というタンパク質のため、小麦粉でできた食べ物だけを食べると A胃がもたれてしまう人がいる。このタンパク質は小麦粉をこねる過程で生じるタンパク質であり、コシのある質感を作る。Bグルテンを消化させる酵素がなかったり、不足している人は★グルテンを食べたときに、頭痛、消化不良から、ひどい場合はアレルギー反応まで生じる恐れがある。このように Cグルテンを消化しにくい人は、グルテンフリー食品や全粒粉などに置き換えたほうがよい。小麦粉でできた食べ物をやめるとむくみが取れる効果も得られる。

① グルテンが入った小麦粉でできた食べ物を食べると胃腸が楽になる。
② すべての人の体内にはグルテンを消化させる酵素がたくさんある。
③ グルテンを食べて、頭が痛くなったり消化できなかったりする人もいる。
④ グルテンがうまく消化できない人は小麦粉でできた食べ物を食べたほうがよい。

① → **A** で、胃もたれする人がいると述べられている。

② → **B** で、消化する酵素がなかったり、不足している人もいると述べられている。

④ → **C** で、グルテンフリー食品や全粒粉などに置き換えたほうがよいと述べられている。

単語 □더부룩하다（胃が）もたれる □소화시키다 消化させる
□대체하다 置き換える □부종 むくみ

2 文章の内容と一致するものを選ぶ 1［問題20］

【1-4】 文章の内容と一致するものを選びなさい。

1.

　A 痩せるためには消費するカロリーが摂取するカロリーより多くなければならない。多くの人は、消費カロリーを増やすために運動することが役に立つと考えている。**C** しかし、運動を通じたエネルギー消費量は思ったより大きくないため、運動だけで痩せるのは非常に難しいことである。★このような理由から、消費カロリーを増やすと同時に摂取カロリーを減らすことも重要である。**B** 普段の摂取カロリーを20%少なくして、ヨーヨー現象（リバウンド現象）が起きないように運動をすることが痩せるのに最も効果的である。

① 痩せるときは摂取するカロリーが多くなければならない。

② 普段の消費カロリーを20%増やしてこそダイエットに役立つ。

③ 消費カロリーと摂取カロリー、両方とも減量に重要な要素である。

④ 運動をして消費カロリーを増やすだけで体重を減らすことができる。

2.

　Ｂ誰もが静かな場所でおなかから出るグーグーと鳴る音のせいで恥ずかしい思いをした経験があるだろう。このグーグーと鳴る音を「腸音」というが、Ｃ腸音は摂取した食べ物と空気が腸を通過するときに音が発生する正常な現象だ。しかし、隣の人に聞こえるほど大きな音が出たり、Ａ時を問わずあまりにも頻繁に水の音、空気の音がすると気まずさを感じるようになる。このように過度な腸音が生じる現象を★「腸蠕動音の亢進（腸音亢進症）」という。この症状はさまざまな疾患のサインになる可能性があるため、普段おなかから音が大きくよく出るほうなら、症状をよく観察しなければならない。

① 腸音は静かな場所でのみ聞くことができる。

② おなかから音がするのは特別な現象である。

③ 腸蠕動音の亢進と疑われる場合は診察を受けたほうがよい。

④ 腸音は摂取した食べ物が消化されないときに出る音である。

単語　□민망하다 恥ずかしい　□섭취하다 摂取する
　　　□통과하다 通過する　□발생하다 発生する　□정상 正常
　　　□증세 症状　□질환 疾患

3.

　★窓ガラスが日光を受けて自ら電気を作り出し、光の明るさを調節する機能性フィルムが開発された。B目には見えないが、この機能性フィルムの中で、有機物でできた半導体が電気を作る。このように作り出された電気は小型加湿器を作動させ、携帯電話の充電も可能にする。電気生産の効率性（発電効率）も大幅に高めつつ、フィルムで作られているため柔軟性が高く、多くの注目を集めている。A従来のシリコンのような無機質素材は平面にのみ使うことが可能であったが、Cこのフィルムは自動車や飛行機の窓ガラスのようなさまざまな曲面にも活用できると期待されている。

① シリコン素材はさまざまな曲面に活用できる。
② 機能性フィルムは日光を利用して電気を生産する。
③ 機能性フィルムは電気を生産する過程を目で見ることができる。
④ 機能性フィルムは通常の窓と同じ平面でのみ使える。

正解 ②
① → Aから、シリコン素材は平面でのみ使えるとわかる。
③ → Bで、電気を生産する過程は見られないと述べられている。
④ → Cから、多様な曲面にも活用できるとわかる。

単語　□생산 生産　□조절하다 調節する　□개발되다 開発される
　　　□유기물 有機物　□반도체 半導体　□효율성 効率性
　　　□평면 平面　□곡면 曲面

4.

　最近になって★子供たちに潜んでいる創造力と想像力を引き出すために A美術教育に接する親が多くなっている。美術活動は幼児期の子供たちに大きな影響を与える。子供たちは美術を通じて自分の考えや感情だけでなく欲求とエネルギーを表出する。それだけでなく、絵を描く前に観察のための集中力と奇抜な発想をさせる創造力、手の感覚の発達など、Bさまざまな方面で成長することになる。このような利点があるため、C子供たちは健康的な発達のために幼い頃から美術に触れさせたほうがよい。

① 最近の親は子供たちの美術教育に関心がない。
② 美術活動は幼児期の子供たちに悪影響を及ぼす。
③ 子供たちは美術を通じて潜んでいるさまざまな才能を発達させることができる。
④ 美術教育はできるだけ遅く始めることが子供の健康に役立つ。

正解 ③
① → A から、最近の親は子供たちの美術教育に関心が高まっているとわかる。
② → B から、さまざまな面が成長するとわかる。
④ → C から、幼い頃から美術に触れさせたほうがよいとわかる。

単語　□잠재되다 潜む、潜在する　□창의력 創造力　□상상력 想像力
　　　□접하다 接する　□집중력 集中力　□성장하다 成長する
　　　□발달 発達

3 文章の内容と一致するものを選ぶ 2 ［問題24］
［1-4］ 文章の内容と一致するものを選びなさい。

1.

　僕には兄がいる。Aうちの兄は私より1歳年上だ。兄と僕は違う点が多く、年の差もあまりないのでよく喧嘩する。しかし、僕は喧嘩した後、兄に一度

も謝ったことがない。B 僕の友達に兄と喧嘩した内容と理由を話すと、みんなは僕が悪いと言う。でも、僕はそうは思っていなかった。今年の5月までは。

　5月の暖かくて平和な春の日、僕は他の日と同じようにパソコンの前から離れなかった。★ 3時間ほど経ったのにもかかわらず、僕がパソコンをするのをやめなかったので、兄が僕に飛びかかってきた。

　「お前、なんでこんなに長くやってんの？」獲物を探すライオンのように兄が言った後、「何が悪いんだよ？　ちょっとぐらい待てよ！」C 僕も負けずに言い返した。平然と再びパソコンに没頭する私の姿を見た兄は、腹を立てたのか僕のそばを離れなかった。僕らの戦いは再び始まった。

① パソコンのせいで兄と争いが起きた。
② 僕は年の離れた兄が1人いる。
③ 兄と喧嘩すると僕の友達は兄が悪いと言う。
④ 兄がパソコンをやめろと言ったため、長くできなかった。

正解 ①　（★は正解の根拠）
② → A から、兄と僕は年の差があまりないことがわかる。
③ → B で、僕の友達は僕が悪いと言うと述べられている。
④ → C から、ずっとパソコンをしていたとわかる。

単語　□사과 謝罪　□떨어지다 離れる　□먹잇감 獲物
　　　□쏘아붙이다 言い返す　□몰입하다 没頭する
　　　□약이 오르다 腹が立つ　□갈등 葛藤、争い

2.
C 学校で休み時間が終わったことを知らせるベルが鳴ると先生が話した。
「この時間では、この紙に自分の将来の希望とその理由を書いて、後で発表します。」
　先生の話が終わるやいなや、子供たちは紙に各自将来の希望を書いた。そ

んな中、静かで小心者のヘジンだけが将来の希望をなかなか書けずにいた。

　普段、子供たちは B 無口で物静かなヘジン があまり好きではなかったので、将来の希望がないのかとからかった。子供たちはそれぞれ医師、先生などの将来の希望を発表し、お互いの発表を聞き、拍手をする時間となっていた。緊張したヘジンの番。 A ヘジンは宇宙飛行士になりたいと慎重に口を開いた。 ★ヘジンの言葉が終わると、私や（他の）子供たちは手を叩きながら大笑いをした。 ヘジンの顔は燃えるように赤くなり、何人かの意地悪な子供たちはヘジンを宇宙飛行士だとからかい始めた。

① 子供たちはヘジンの夢を無視した。
② ヘジンは将来の希望を発表できなかった。
③ ヘジンは普段、性格が積極的で活発だ。
④ 学校で休み時間に自分の将来の希望を書いた後に発表した。

正解 ①
② → A から、ヘジンは宇宙飛行士になりたいと発表したとわかる。
③ → B で、ヘジンは無口で物静かだと述べられている。
④ → C から、休み時間が終わった後の授業時間に発表したとわかる。

単語　□장래 희망 将来の希望　□제각각 それぞれ
　　　□박장대소 手を叩きながら大笑いすること　□짓궂다 意地悪い

3.

　人によって好きな木はそれぞれ異なる。各々になぜその木が好きなのか理由を尋ねると、普通は何らかの特別な個性があるからだと答える。私は松が好きだ。 A 私が松を好む理由は、特別な個性ではなく「言葉では言い表せない個性を持っていること」と答える。

　★松は一年中緑だ。 他の木々が赤や黄色に変わったりしながら、その美しさを表現するとき、松はいつも緑色で、変わらない特別さを強調する。夏には（周りの）緑色と交じり合って協調心を見せたりもする。このような個性

を持った松は根気、忍耐の象徴だと思う。**C** 夏に自分の体にセミがとまっ
てうるさくしても、赤い心を表さず、常に純粋な心で迎えてくれる。**B** 松
は夏、暑くても赤く燃え上がらず、両班<ruby>のように汗水を流さず常に緑色の姿
をしている。

① 私は、松に特別な個性があるから好きだ。
② 松は夏、暑いと両班<ruby>のように汗水を流す。
③ 松は一年中色が変わらない特別さがある。
④ 松は自分の体にセミがとまってうるさくすると赤くなる。

正解 ③

① → **A** で、私は言葉では言い表せない個性を持っているため、松が好き
だと述べられている。
② → **B** で、松は夏、両班<ruby>のように汗水を流さないと述べられている。
④ → **C** から、松はセミがとまってうるさくしても変わらないことがわか
る。

単語　□개성 個性　□푸르다 青い（緑）　□강조하다 強調する
　　　□협동심 協調心、協調性　□끈기 根気　□인내심 忍耐
　　　□성가시다 煩わしい、うるさい　□양반 両班

4.

　私は華麗な動作と美しさを持った蝶を昔からうらやましく思っていた。**A** 昔
からきれいではなかった野花のような私は、周りから**B** 蝶のような子たちに
蜂蜜を差し出すようにせざるを得なかった。その子たちにとって羽は子供た
ち（から）の人気、すなわち勢力という用語であった。野花のような私たち
は自分を責めるしかなかった。蝶のような子たちを真似してみたり、羽も広
げようと努力したりしたが、返ってくるのはぎこちなさと非難だけだった。
　C 大人になった今、私は彼女たちにも彼女らなりのさなぎの時期があっ
たことを知った。他の人々に美しさを自慢するその日だけを思いながら、

「その時」をさなぎの状態で夢見ながら見えない努力があったということを。だから、多くの人に知ってもらいたい。★蝶になったとしても、長いさなぎの時期がなければ長くは続かないということを。

① 私は幼い頃蝶のような子だった。
② 野花のような子たちはいつも人気がある。
③ 私は大人になって蝶のような人になった。
④ 蝶になるためにはさなぎの時期を過ごし、努力しなければならない。

正解 ④

① → **A**で、私はきれいではない野花のような子だったと述べられている。
② → **B**から、蝶のような子たちはいつも人気があるとわかる。
③ → **C**で、私は大人になって蝶のような人たちのさなぎの時代についてわかったとあるが、私が蝶のような人になったとは述べられていない。

単語　□화려하다 華麗だ　□당하다（被害などを）受ける　□세력 勢力
　　　□질책하다 叱責する　□비난 非難　□번데기 さなぎ
　　　□뽐내다 自慢する

---

4 文章の内容と一致するものを選ぶ 3 ［問題32-34］

[1-4] 次を読んで、内容と一致するものを選びなさい。

1.

　A韓国では赤ちゃんが生まれて1年になったとき、大きなうたげを開く韓国の伝統的な風習がある。この風習をトルチャンチと呼ぶ。**B**昔は赤ちゃんの死亡率が高かったため、韓国では1年足らずで死ぬ赤ちゃんが多くいた。初めての誕生日を無事に過ごしたことを記念し、★赤ちゃんの長寿を祈願するのがトルチャンチの背景だ。**C**トルチャンチで、赤ちゃんはいろいろな物の中から気に入った物を選ぶトルチャビを行い、トルチャビに参加した大人たちが赤ちゃんの将来（の職業）と関連して赤ちゃんの未来を予想したりもする。

① トルチャンチは赤ちゃんの（生後）百日を記念するうたげである。

② トルチャンチは赤ちゃんが長生きすることを願う風習である。

③ 昔の韓国では、ほとんどの赤ちゃんが生まれて1年後も元気だった。

④ トルチャビでは大人たちが赤ちゃんの将来の職業を予想して物を選ぶ。

正解 ②　（★は正解の根拠）

① → **A**から、トルチャンチは子供の初めての誕生日を祝ううたげである
とわかる。

③ → **B**から、1年も経たないうちに死んでしまう赤ちゃんが多くいたと
わかる。

④ → **C**から、大人ではなく赤ちゃんが物を選ぶとわかる。

単語　□잔치 うたげ、宴会　□풍습 風習　□과거 過去、昔
　　　□기념하다 記念する　□장수 長寿　□기원하다 祈願する
　　　□장래 将来　□예상하다 予想する

2.

A最近、ペットを飼う世帯が増えるにつれ、動物の権利の保護問題に対
する共感が生まれている。ますます高くなる動物虐待犯罪率も、動物の法的
地位を格上げしなければならないという声に力を与えている。最近、法務部
が**B**実施した世論調査の結果、回答の89%は民法上、動物と物の地位を区
分すべきだということに賛成した。このような地位区分に対する問題も法律
の改正案として用意され、★動物保護問題が多くの関心事として取り上げら
れている。**C**専門家らはこれまでは法的に物だった動物の法的地位が今後
「動物」そのものに上がると予想している。

① ペットを飼う人がますます減少している。

② 動物の権利保護問題について多くの人が関心を持っている。

③ 多くの人は民法上、動物と物の地位を区別してはならないと考えている。

④ 専門家らは今後、動物の法的地位が低くなると予想し、懸念を示している。

89

3.

　B 会社員にとって非常に難しい「仕事と生活のバランスを取ること」を
意味する A 「ワークライフバランス」という新語が最近若い世代から多く
の注目を集めている。多くの会社員が長時間労働を減らす代わりに、仕事と
個人的な生活のバランスを取る文化の必要性に関心を示している。『韓国の
流行』では、1988 年生まれから 1994 年生まれを「ワークライフバランス世代」
と規定している。★このワークライフバランス世代は、C 自分を犠牲にして
まで無理に仕事をせず、一定水準の所得に満足する。退勤後は仕事と徹底的
に切り離され、個人の余暇生活に集中し、個人の時間を各自の方法で楽しむ。

① 「ワークライフバランス」は作られてからしばらくたった用語である。

② 会社員が仕事と生活のバランスを取るのは簡単である。

③ ワークライフバランス世代は、個人よりも会社がより重要だと考えている。

④ ワークライフバランス世代は月給より個人の幸せと満足感がより重要だ
　と考えている。

③ → **C**から、会社がより重要だと考えていないことがわかる。

単語 □均衡 バランス □注目 注目 □規定する 規定する
　　　□犠牲する 犠牲する □無理する 無理する
　　　□徹底する 徹底する □分離される 分離される

4.

　江原地域では子供たちと家族が一緒に参加できる週末農園を今月末分譲する計画である。週末農園を通じて**B**都市に住んでいる多くの人々に農村体験の機会を提供し、体験後に収穫物を持ち帰ることができるプログラムであるため、申し込み（が始まる）前から多くの関心を集めている。年間5万ウォンの分譲金額の週末農園は、総計30世帯に分譲する予定である。**A**分譲の申し込み人数が募集人数を超過した場合、低所得層家庭に優先分譲する。**C**分譲の申し込みは直接訪れるか電話を通じてのみ可能で、来月1日から12日まで申し込むことができる。

① 週末農園は30世帯にのみ先着順で分譲する予定である。
② 江原地域の世帯だけが週末農園の分譲を申し込むことができる。
③ 分譲（を申し込んだ）人数が多い場合は、所得の少ない世帯に優先権がある。
④ 分譲の申し込みは電話またはインターネットでの受付も可能で、12日間受け付ける予定である。

正解③
① → **A**から、低所得層の世帯に優先的に分譲されることがわかる。
② → **B**から、都市に住んでいる人も申し込むことができるとわかる。
④ → **C**で、分譲の申し込みは直接訪れるか、電話でのみ申し込むことができると述べられている。

単語 □분양 分譲 □농장 農園 □제공 提供 □수확물 収穫物
　　　□저소득층 低所得層

5 文章の内容と一致するものを選ぶ 4 ［問題43］

［1-4］ 文章の内容と一致するものを選びなさい。

1.

　祖母はおいしいサムゲタンで有名な韓国料理店を営んでいた。**B** 5 年ほど前までは食堂は客でにぎわっていたが、最近店を閉めた。なぜなら、祖母も大変だし、2 人のおばが仕事をしてお金を稼いでいるからだ。**A** 食堂は閉めたが、祖母はそれでも私たちが来ると腕を振るって、店の自慢だったサムゲタンを作ってくれる。一口食べればその味を忘れることはできない。祖母の料理は料理ではなく芸術そのものだった。

　しかし、最近は祖母の家に行く回数がだんだん減っている。本当に悲しいことだ。あのおいしいサムゲタンが食べられないからだ。**C** 祖母は最近店を閉めた後、ちょっと退屈そうだ。

　店を辞めた祖母の姿は本当にしょんぼりしていた。**D** 祖母が店を経営していたときは本当に楽しんでいて、生き生きしていたが、今の祖母は本当に力がなく生きる楽しみを失ったようだった。★私は愛する祖母の元気がない姿を見てからずっと気になっていたので、姉と一緒に作戦を練ることにした。どうすれば祖母を喜ばせることができるか、姉と一緒に考えてみた。

① 食堂を閉めた後、祖母は料理をしない。
② 祖母が経営していた韓国料理店は、5 年前には客があまりいなかった。
③ 祖母は店を閉めた後、気軽に休むことができるので満足している。
④ 私は姉と一緒に祖母を楽しませる計画を立てようと思っている。

正解 ④　（★は正解の根拠）

① → **A** で、祖母は食堂を閉めた後も、私たちが来るとサムゲタンを作ってくれると述べられている。
② → **B** から、5 年前はお客さんが多かったことがわかる。
③ → **C** と **D** から、祖母は店を閉めた後は退屈で、力がなく、生きていく楽しさを失った様子だとわかる。

単語	□운영하다 運営する、営む　□붐비다 にぎわう　□솜씨 腕前
	□발휘하다 発揮する　□생동감 躍動感、生き生きとしたさま

2.

　私にとっておばの家は第2の憩いの場だ。Ｃ母が弟を産むために病院にいた1カ月間、私はおばの家で生活した。私はおばをよく慕い、好きだったので、その時間が楽しかった。★おばの家にいるとき、私はお姫様扱いされた。息子しかいなかったおばの家族から、私は愛をあふれるほどもらう存在になった。

　しかし、しばらくして弟が生まれた。弟は、まだ子供だった分別のない私にはイライラする存在だった。いつも泣いたり笑ったりしながら、Ａ弟は母と父の関心を私から奪っていった。そのとき、私の慰めになった人はおばだった。おばは私に弟が嫌いかと尋ねた。私は何も言えなかった。おばはその日以来、私によく話しかけ、私の前では弟の話を持ち出さなかった。Ｂおばの細心の努力で私はだんだん弟を理解するようになった。

　私には実の弟のほかにもかわいい年下のいとこたちがいる。スミンとミンヒョンだ。私より幼い母方のいとこだけど、私をよく慕ってくれる弟たちだ。本当にかわいくて愛らしいが性格は正反対だ。そのため、おばの家にある物はすべて壊れてしまった。

① 弟が生まれた後、私はお姫様扱いされた。
② 私はおばの家にいる間、たくさんの愛をもらった。
③ おばが努力したが、私は弟を理解できなかった。
④ おばが病院にいた間、私は母とおばの家で生活した。

正解 ②

① → Ａで、弟が生まれた後、私は両親から関心を持ってもらえなくなったと述べられている。

③ → Ｂで、おばの細心の努力で私は弟を理解するようになったと述べられている。

3.

A 幼い頃から兄弟がいない私は、共働き夫婦だった両親も家を留守にすることから、家に一人でいるときはいつも退屈だった。ある日、家の外に **B** 小さな影が現れた。「キャッ！」と声を上げて近づいてみると、かわいい子犬が一匹立っていた。日頃から子犬を飼いたかった私は、迷子の子犬を懐に大切に抱いて、家に帰った。母にばれないように私の部屋に静かに入った。私はかわいい子犬から目が離せなかった。そのとき、突然部屋のドアが開いて母が入ってきた。

「あら！ これは何？ どこの犬なの？」

私は子犬が道に迷ってかわいそうだったので連れてきたと言ったが、★母はそのようなときは警察署に連れていかなければならないと言った。母のその一言に、涙が頬を流れた。子犬も私と一緒に泣いてくれているようだった。

C 仕方なく私は子犬を警察署に連れていった。警察署に連れていき、家まで歩いて戻る間、私は涙が止まらなかった。短い出会いだったが、子犬が私のことを忘れずに覚えておいてほしいと思った。

① 私は幼い頃、兄弟がいなかったが退屈ではなかった。
② 私は幼い頃、家の外に立っている子犬を見て怖がった。
③ 母は迷子の子犬を家で飼うことに反対した。
④ 私は子犬を警察署に連れていかず、再び家に連れて帰ってきた。

② → **B**から、最初は影を見て怖がった様子はあるが、子犬だと知った後
　　は怖がっていないことがわかる。

④ → **C**で、私は子犬を警察署に連れていったと述べられている。

単語　□맞벌이 共働き　□그림자 影　□품 懐　□불쌍하다 可哀想だ

4.

　暖かい春の日、暗い土の中をかき分けて力強く新芽を出す小さな種が一つ
あった。そのとき、隣にあったツツジの花が話をした。

　「お前はどうしてそんなにブサイクなの？　カボチャとも比較にならないね。」
　Bレンギョウの花は怒りをぐっとこらえて静かにしていた。するとツツ
ジの花は腹を立てながら、

　「お前は何の返事もできないの？　どうして返事をしないんだ？」と責め立
てた。悔しい一日を過ごしたレンギョウの花は心の中で誓った。

　「何があっても泣かないぞ！」

　翌日、ツツジの花はレンギョウの花にこれ見よがしに華やかで美しく咲
いていた。しかし、**A**レンギョウの花はうらやましい様子を見せなかった。
ツツジの花は再びレンギョウの花に話しかけた。

　「お前はどうしてそんなに背が低いんだ？」

　レンギョウは自分の背が低いことを知っていて、

　「でも、私はどんどん大きくなるんだ。だからお前よりも大きくなるんだ！
待ってろよ！」と、涙ぐみながら言った。**C**夜になるとレンギョウの花は
眠り、夢を見た。自分が背もぐんと高く、外見もきれいになり、ツツジの花
をやっつける夢だった。しかし、その夢は半分ぐらい当たったようだった。
★翌日、レンギョウの花は自分の背が伸びていることを確認し、緑色のつぼ
みまでちらっと顔を出していた。

① レンギョウの花はツツジの花をうらやましがっていた。

② レンギョウの花はツツジの花に怒りを表した。

③ レンギョウの花は夢を見た翌日、夢と同じように背が高くなった。

④ レンギョウの花は夢の中でツツジの花になる夢を見た。

正解 ③

① → **A**から、レンギョウの花はツツジの花をうらやましく思わなかったとわかる。

② → **B**から、レンギョウの花はツツジの花に対する怒りをこらえたとわかる。

④ → **C**で、レンギョウの花は自分の背が高くて外見も美しくなり、ツツジの花をやっつける夢を見たと述べられている。

単語 □헤치다 かき分ける　□꿋꿋하다 力強い　□화를 돋우다 怒らせる
　　　□꿀 먹은 벙어리 言いたい事などを口に出さずにいる人
　　　□다그치다 責め立てる　□다짐하다 誓う　□기색 気配
　　　□울먹이다 涙ぐむ

---

6 文章の内容と一致するものを選ぶ 5 ［問題47］

[1-4] 文章の内容と一致するものを選びなさい。

1.

　現代社会において、ますますインターネットの中の世界が3次元に進化している。（　㉠　）**A**このような背景から、より一層急速に発展している技術の「メタバース」に多くの関心が集まっている。（　㉡　）仮想現実の概念よりもさらに拡張された意味として、**B**仮想世界が現実世界と合わさった形態のことをいう。（　㉢　）メタバースの発展は、将来、★仮想世界でも現実と同じような経済活動や日常活動を可能にする。（　㉣　）仮想世界で収益を上げて消費をすることが日常的なこととして定着するようになる。**C**映画の中でしかできないと思っていたことが、今は現実に近づいている。

① 現代社会において、メタバースへの関心が低下している。
② メタバースは現実世界を含まない仮想世界のみを意味する。
③ メタバースの技術を活用すれば、仮想世界でも実際にお金を稼いで使うことができる。
④ メタバースは現実では起こりえない映画の中の場面を演出する撮影技法を意味する。

正解 ③　（★は正解の根拠）

① → Ａから、「メタバース」に多くの関心が集まっているとわかる。

② → Ｂで、現実世界が合わさった形態であると述べられている。

④ → Ｃで、メタバースは撮影技法ではなく、映画の中だけで可能だと思っていたことを実現してくれると述べられている。

単語　□진화하다 進化する　□가상 현실 仮想現実　□개념 概念
　　　□합치다 合わせる　□확장 拡張　□수익 収益　□일상적 日常的

2.

　Ｂ子供（学生）が正規の学校に行かず、家庭で両親または個人的に教育を受けることをホームスクーリングという。Ａすべての子供が公教育を受けることについての適切さに関して多くの疑問と不満が提起されている。（　㉠　）Ｃ学校において、教室にいる多くの子供たちひとりひとりの特性と適性すべてに合わせて教育を行うことは実際には不可能である。（　㉡　）校内暴力や入試ストレスなど公教育の問題点さえ根絶できないのが現実である。（　㉢　）子供のことを誰よりもよく知っている両親が、直接教えて教育するホームスクーリングの長所に関心を持ち始めた。★アメリカでは幼稚園から大学までのすべての教科課程を自宅で教えることができるようになったが、韓国の場合、初等教育課程が義務教育と定められているため、アメリカのようなホームスクーリングは難しい。（　㉣　）

① 塾で行う教育に対して保護者の不満が多くなっている。

② ホームスクーリングを通じて子供たちは学校で学んだ内容を効果的に理解することができる。

③ 公教育は子供の個性を生かすことができ、各自の適性に合わせて教育することができる。

④ 米国では韓国と違って、小学生もすべての教科課程を自宅で教えることができる。

正解 ④

① → Ａで、学校で実施する公教育に対して不満が提起されていると述べられている。

② → Ｂから、ホームスクーリングは、学校で学ぶ内容に役立つ教育ではなく、学校教育に代わるものであるとわかる。

③ → Ｃで、学校教室内のすべての子供たちを考慮した教育は実際に不可能であると述べられている。

単語 □정식 正式 □공교육 公教育 □적절성 適切さ □의문 疑問
□제기되다 提起される □적성 適性 □실제적 実際
□의무교육 義務教育

3.

　Ａ社会恐怖症とは、戸惑いを与えかねない特定の社会的状況をずっと恐れ、避けようとする疾患である。このような状況を避けられないとき、すぐに深刻な不安反応を見せることもある。（　㋐　）Ｂ具体的には、他の人たちに注目されたり、観察されたりする状況で、恥をかくかもしれないという考えに不安を感じ、症状が現れる。（　㋑　）社会恐怖症は遺伝的要素が関与している。（　㋒　）Ｃまた、環境的な要因とも関連があり、患者が幼い頃に自分にとって重要だと考える人物に恥をかかされ、からかわれたり、侮辱されたりすることを経験したとき、この人物を一つのイメージとして内面化して長い時間記憶するようになる。（　㋓　）★その後、周りにいる人たちにまで幼い頃に傷つけられた人物のイメージが投影され、患者はすべての人が自分に恥をかかせ、侮辱し、批判するはずだという誤った認識に捕らわれて恐れを感じるようになる。

① 社会恐怖症は特定の人を恐れ避ける病である。

② 社会恐怖症の人はいつも他人から関心を持ってもらいたがっている。

③ 社会恐怖症は環境的な要因とは関係がなく、遺伝的要素で決まる疾患である。

④ 社会恐怖症の環境的要因は、過去に傷つけられた経験が恐れを感じさせ
　るというものである。

4.

　職場に出勤して働く常勤者に比べて相対的に在宅勤務者は同僚とのコミュ
ニケーションが不足しているため、疎外感を感じ、周囲の助けを受けること
ができない。（　㋐　）また、Ａ在宅勤務をすることになると、職場の同僚
と遠く離れているため、同僚のフィードバックを正確に解釈することが難し
く、時折コミュニケーション上の誤解が生じるときがある。それだけでなく、
家で一人長い時間を過ごしていると、自分の考えにとらわれ、極端に相手
の（発言の）意味を拡大解釈することがある。（　㋑　）このような非理性
的な疑いをやめ、在宅勤務をする際にも常勤者と同じ業務環境を作るため、
次のような努力が必要である。（　㋒　）まず、他の人の気分に自分が無理
して合わせていないか見つめてみることである。Ｂ相手の気分に合わせて
依頼や要求に応じるより、自分の気持ちやスケジュールをよく確認すること
を優先すべきである。次に、★他人の行動を客観化する必要がある。彼らの
ちょっとした一言を批判や侮辱として受けとめるのではなく、自分が話した
と仮定して、（相手が）どんなつもりでその言葉を言ったのか考えてみたり、
最も肯定的な意味で解釈しようとするのも良い方法になりうる。（　㋓　）

① 在宅勤務者は同僚と円滑なコミュニケーションができる。

② 職場に出勤する常勤者は、コミュニケーションで誤解が生じることがある。

③ 在宅勤務者は常に同僚の気持ちを把握することを優先すべきである。

④ 同僚の行動を主観的に理解するのではなく、客観的に把握しなければならない。

正解 ④

① → **A**から、在宅勤務者は同僚と円滑なコミュニケーションが難しいとわかる。

② → **A**で、在宅勤務者は、同僚間のコミュニケーションで誤解が生じることがあると述べられている。

③ → **B**で、自分の気持ちとスケジュールを優先すべきだと述べられている。

単語　□상근자 常勤者　□재택근무 在宅勤務　□소외감 疎外感
□해석하다 解釈する　□여지 余地　□비이성적 非理性的
□의심 疑い　□객관화 客観化

タイプ④　文を順番に並べる

練習問題　訳と解答

1 提示されている文を順番に並べる ［問題13-15］

【1-4】正しい順序に並べているものを選びなさい。

1.

(가) 韓国には「豆一粒でも分けて食べる」という言葉がある。

(나) 大企業が奨学財団を運営していることからおばあさんが古紙を集めて
稼いだお金を奨学金として出したことまで、社会のあちこちで分かち
合いを実践する美しい様子が見られる。

(다) このような分かち合いの伝統は今も続いている。

(라) これは小さなものでも周りの人と分かち合う韓国の美しい伝統を示し
ている。

① (가)-(라)-(나)-(다)　　② (가)-(라)-(다)-(나)

③ (라)-(나)-(가)-(다)　　④ (라)-(가)-(나)-(다)

> 正解 ②
>
> (가) と (라) のどちらかが最初の文になるが、(라) は前の内容を指す 이
> 는（これは）という表現があるので、最初の文にはなれない。(다) の 이
> 러한 나눔의 전통（このような分かち合いの伝統）は、(라) の 아름다운
> 전통（美しい伝統）を指していると考えられる。よって、正解は②。
>
> 単語　□장학재단 奨学財団　□폐지 古紙　□전통 伝統

2.

(가) したがって、親近感から感じられる所有欲を常に警戒しなければなら
ない。

(나) 他人に近くなるほど期待することが多くなり、強い所有欲を感じるようになるわけである。

(다) 他人への親近感は所有欲をもたらすときがある。

(라) ところが、このような所有欲は関係を壊す結果をもたらすことになる。

① (다)-(가)-(라)-(나)   ② (다)-(나)-(라)-(가)
③ (라)-(가)-(나)-(다)   ④ (라)-(다)-(가)-(나)

正解 ②

(다) と (라) のどちらかが最初の文になるが、(라) は接続語の 그런데 (ところが) で始まっているため、最初の文にはなれない。(라) の「関係を壊す結果をもたらすことになる」という部分が (가) の「所有欲を警戒しなければならない」という内容の理由になっている。よって、正解は②。

単語　□친밀감 親近感　□소유욕 所有欲　□경계하다 警戒する
　　　□망치다 だめにする（壊す）

3.

(가) 1995年に作られた韓国最大の環境団体がある。

(나) 具体的には、炭素削減、環境にやさしい店舗づくり、環境教育などの活動を行っている。

(다) そして環境にやさしい社会を作るために努力している。

(라) この団体は約50箇所の地域組織があり、世界の環境保護団体にも加入している。

① (가)-(다)-(라)-(나)   ② (가)-(라)-(다)-(나)
③ (라)-(나)-(가)-(다)   ④ (라)-(가)-(나)-(다)

正解 ②

（가）と（라）のどちらかが最初の文になるが、（라）は **이 단체**（この団体）のように前の内容を指す表現があるため、最初の文にはなれない。（나）には団体が行う具体的な活動内容が述べられているため、この前には（다）の「環境にやさしい社会を作るために努力している」という内容が述べられるのが自然である。よって、正解は②。

単語　□**최대** 最大　□**탄소** 炭素　□**친환경** エコ、環境にやさしいこと
　　　□**조직** 組織　□**가입되다** 加入する

4.

（가）そのため、各企業でも毎週水曜日は定時退勤を奨励し、退勤後、家族とともに時間を過ごせる職場の雰囲気を作っている。

（나）このキャンペーンは毎週水曜日、家族と一緒に過ごす日を意味する。

（다）「家族愛の日」は女性家族部が進めている。

（라）週に一度でも家族とともに時間を過ごすという小さな実践が、家族への愛につながるという意味で推進している。

① （다）-（라）-（나）-（가）　　② （다）-（나）-（라）-（가）
③ （라）-（가）-（나）-（다）　　④ （라）-（다）-（가）-（나）

正解 ②

（다）と（라）のどちらかが最初の文になる。（라）が最初に来ると、この文の最後に出てくる「推進している」の対象（何を推進しているのか）がわからなくなってしまうため、最初の文にはなれない。（나）は **이 캠페인**（このキャンペーン）のように前の内容を指す表現があり、これが指すのは（다）の **가족 사랑의 날**（家族愛の日）のことであると考えられる。よって、正解は②。

単語　□**정시** 定時　□**장려하다** 奨励する　□**조성하다** 作る、造成する
　　　□**진행하다** 進める　□**실천** 実践　□**추진하다** 推進する

2 適切な箇所に〈例〉の文を入れる 1 ［問題39−41］

[1−4] 〈例〉の文が入るのに最も適切な箇所を選びなさい。

1.

ピグマリオン効果はギリシャ神話に出てくる彫刻家ピグマリオンの名前に由来する心理学用語である。（　㋐　）ピグマリオンは美しい女性像を彫り、その女性像を心から愛するようになる。（　㋑　）このように他人の期待や関心によって結果が良くなる現象を意味することになった。（　㋒　）心理学では他人が自分を信じて期待すれば、その期待を失望させないために努力するという意味になった。（　㋓　）

例

このようなピグマリオンの愛に感動した女神アフロディーテは、女性の彫像に命を与えた。

---

① ㋐　　② ㋑　　③ ㋒　　④ ㋓

正解②

〈例〉の文で、이러한 피그말리온의 사랑（このようなピグマリオンの愛）とあるため、自ら彫った女性像に対するピグマリオンの愛について言及されている文の直後の（　㋑　）に入るのが適切である。

単語　□유래하다 由来する　□조각하다 彫刻する　□현상 現象
　　　□실망시키다 失望させる

2.

韓国の出生率は急速に低下し、世界最低水準である。（　㋐　）このような現象が続けば、韓国の総人口が減少し、若い労働力の供給が減るとともに、経済成長も遅くなるだろう。（　㋑　）出生率を高めるため、企業では女性が会社に勤めながら出産と育児のため不利益を受けないようにすることが重要である。（　㋒　）このように韓国社会の少子化問題を解決するためには、

個人だけでなく企業および国家の社会的努力が重要だという認識が必要である。（　㉣　）

例

そして、国は出産支援金、育児費用の支給などについて支援を拡大しなければならない。

---

① ㉠　　② ㉡　　③ ㉢　　④ ㉣

正解③

〈例〉の文は接続語の 유리고（そして）で始まっているので、前にはこれと類似・関連した内容が来ることがわかる。〈例〉の文は出生率を高めるための国の支援について述べているので、企業の支援について述べている文の直後の（　㉢　）に入るのが適切である。

単語　□출산율 出産率　□감소하다 減少する　□최저 最低
　　　□지속되다 持続する　□노동력 労働力　□공급 供給
　　　□불이익 不利益　□인식 認識

3.

　一つの住居に複数の入居者が居住しながら個人のスペースと共用スペースを区分して使用する居住の一形態をシェアハウスと呼ぶ。（　㉠　）シェアハウスに入居すれば保証金のような初期費用と家賃を節約でき、共同生活を通じて人間関係を広げる機会になりうる。（　㉡　）最近はシェアハウスの人気が高まり、さまざまな形のシェアハウスが登場している。趣味を共有する趣味中心のハウス、未婚女性のためのハウスなどがある。（　㉢　）このようなシェアハウスは2010年以降、若者の住居問題が浮上し、それを解決する一つの方法として登場した。（　㉣　）

---例---
また、ほとんどのシェアハウスは基本的な家具、家電製品など生活に必要な条件が備えられているという長所もある。
---

① ㉠   ② ㉡   ③ ㉢   ④ ㉣

4.

　韓国で最初に1000万人の観客を動員した「ナンタ」ショーは全世界57カ国で公演された。（ ㉠ ）「ナンタ」ショーは韓国を代表する公演で、厨房で起こる出来事をコメディーと厨房にある道具を使って叩くことで表現する。（ ㉡ ）この「ナンタ」ショーの予約に成功するのは非常に難しい。（ ㉢ ）「ナンタ」ショーのチームではこのような観客の声援を受け、来月まで公演を延長することにした。（ ㉣ ）

---例---
特に今回の公演は2回とも全席売り切れのため、観客からの公演延長要望が相次いでいる。
---

① ㉠   ② ㉡   ③ ㉢   ④ ㉣

正解③

〈例〉の文は、公演が全席売り切れになり、観客から公演を延長してほしいと要望が出ているという内容。文頭の 특히（特に）という表現から、この前には公演の人気やチケット購入の難しさといった関連した内容が来ることがわかる。（　㉢　）の前で、「ナンタ」ショーの予約に成功するのは難しいという内容が述べられている。

単語　□최초 最初　□동원하다 動員する　□성원 声援
　　　□힘입다（声援、助けなどを）受ける　□연장 延長

3 適切な箇所に〈例〉の文を入れる 2［問題46］

[1-4]〈例〉の文が入るのに最も適切な箇所を選びなさい。

1.

　現代社会では、ますます練炭という燃料を知らない人が増えている。（　㉠　）科学の発展で練炭より相対的に安く使いやすい暖房燃料が多くなったためである。（　㉡　）それにもかかわらず練炭を使う世帯が約10万世帯に及ぶ。（　㉢　）多くの都市ガスが普及していないところに居住している低所得者層は、主な暖房の燃料として練炭を使用している。（　㉣　）我々の社会の多くの人々がいまだに選択ではなく、必要不可欠な生きるためのエネルギーとして練炭を使用している。

┤例├

また、練炭は1日に2度も交換しなければならない面倒さと保管の難しさ、健康へのリスクまで抱えながら使わなければならないという短所がある。

①㉠　　②㉡　　③㉢　　④㉣

正解②

〈例〉の文は、練炭の短所、人々が練炭を使いにくい理由が述べられている。接続語の 또한（また）で始まっていることから、これより前には練炭の短

所を述べた内容が来ると考えられる。（　ⓛ　）の前には、練炭より安くて使いやすい暖房燃料が多くなったことが述べられており、後は そ리에도불구하고（それにもかかわらず）で始まっていることから、ここに入るのが適切である。

単語　□**연탄** 練炭　□**연료** 燃料　□**가구** 家具　□**보급되다** 普及する
　　　□**생존** 生存

2.

　インターネットクーポン、モバイルクーポン、ゲームマネーなどを仮想通貨と呼ぶ。（　㉠　）仮想通貨は中央銀行や金融機関のような公認機関が管理に関わっていない。（　ⓛ　）仮想通貨は政府の統制を受けず、商品の購入のために支出した金額分の価値を持つことになる。（　㉢　）このとき、仮想通貨は発行企業のサービス内でのみ通用する。（　㉣　）このような仮想通貨に対する関心が高まるほど、各企業では仮想通貨関連事業を拡張したほうがよい。

例

そのため、開発者が発行者として貨幣の発行規模などを自律的に管理する。

---

① ㉠　　② ⓛ　　③ ㉢　　④ ㉣

正解②

〈例〉の文は、그러므로（そのため）で始まっていることから、前には〈例〉の文に対する理由が来るとわかる。（　ⓛ　）の前で、公認機関が貨幣管理に関わっていないという内容が述べられており、これが〈例〉の文の理由として適切である。

単語　□**가상화폐** 仮想通貨　□**금융기관** 金融機関　□**공인** 公認
　　　□**관여하다** 関与する　□**통제** 統制　□**지출하다** 支出する
　　　□**가치** 価値　□**통용되다** 通用する

3.

　カシムビ（価心比）は最近の消費トレンドの一つで、価格や性能より心理的安定と満足感を重視する消費形態のことをいう。（　㋐　）価格や性能を最も重視するカソンビ（価性比、コスパ）とは異なる。（　㋑　）このようなカシムビの流行の背景には経済的に成長が遅い社会の雰囲気が大きな影響を及ぼしている。（　㋒　）財布が薄くなった消費者はあらゆる面で消費を減らすが、一番好きな物に対してはお金を惜しまずにストレスを解消している。（　㋓　）ホテルで休暇を楽しむホカンス、高級レストランの大衆化、海外旅行パッケージなどカシムビを示す商品が人気を集めている。

例

このような消費者の心理を把握した企業は、商品を広報する際、価格よりもデザインとアイデアで顧客の心をつかむために努力する。

---

① ㋐　　② ㋑　　③ ㋒　　④ ㋓

正解 ④

〈例〉の文は、消費者の心理を把握した企業の努力について述べている。이러한 소비자들의 심리를（このような消費者の心理を）という箇所から、この前には消費者の心理と関連した内容や表現が来ることがわかる。（　㋓　）の前で、消費者が経済的に厳しい場合でも好きな物にはお金を惜しまないという心理を説明している。

単語　□성능 性能　□만족감 満足感　□중시하다 重視する
　　　□배경 背景　□대중화 大衆化

4.

　旅行作家キム・ヨンホが著した7作目の旅行エッセイ『青春の時間』が4週連続で人気図書に選ばれた。（　㋐　）今回の旅行エッセイには、ニューヨークの四季が作家ならではの感性で盛り込まれている。（　㋑　）写真にふさわしい作家の感性的な文章も多くの読者を魅了している。（　㋒　）最近、キム作家は前作である6作目の旅行エッセイのヒットにより「今年の旅行作家」にも選ばれた。（　㋓　）

例

　季節ごとの美しさが引き立つニューヨークの写真を鑑賞することができる。

---

① ㋐　　② ㋑　　③ ㋒　　④ ㋓

正解 ②

〈例〉の文は、季節ごと（四季）の美しさが引き立つニューヨークの写真を鑑賞できるという内容である。（　㋑　）の前で뉴욕의 사계절（ニューヨークの四季）について述べられており、後には사진에 어울리는 작가의 감성적인 글（写真にふさわしい文章）とあるため、（　㋑　）が適切だとわかる。

単語　□펴내다 著す　□연속 連続　□선정되다 選ばれる　□특유 特有
　　　□감성 感性　□사로잡다 とらえる　□돋보이다 引き立つ

タイプ⑤　空欄に適切な内容を入れる

1 空欄に最も適切な内容を入れる　1［問題16−18］

【1−4】次を読んで（　　　　）に入る内容として最も適切なものを選びなさい。

1.

　🅰スーパーに行くと、濃いピンク色しかなかったゴム手袋が、最近は黄色、グレー、濃い緑色のようにさまざまな色で発売され始めた。🅲皿洗いをしたり料理をしたりするとき、キムチの汁が染み込んで（　　　　）常に濃いピンク色のみ生産されていたゴム手袋が、インテリアを重視する若年層のニーズに合わせて、キッチンの雰囲気を損なわずに毎日気持ちよく使える色で新しく作られるようになった。また、🅱キムチを家で漬けずに買って食べる世帯が増えたことで、必ずしも濃いピンク色のゴム手袋にこだわる理由がなくなったのもさまざまな色のゴム手袋が発売されるようになったきっかけである。

① 変色するのを防ぐために
② 耐久性を丈夫にするために
③ 簡単に壊れるのを防ぐために
④ においが染み込むのを防ぐために

正解 ①

🅰ゴム手袋がさまざまな色で発売され出した。

🅱家でキムチを漬けるためにゴム手袋を濃いピンク色に作っていた。

→ なぜなら、🅲キムチの汁が染み込むので、（変色するのを防ぐために）
　常に濃いピンク色のみ生産されていた。

2.

　Ａ コーヒーかすが消臭に効果的であることはかなり多くの人に知られている事実である。一部の畜産農家ではこれを活用し、畜舎の悪臭を解決している。Ｃ 生活廃棄物として捨てられるコーヒーかすを集めて（　　　　　）微生物を適切な比率で混合した後、畜舎にまんべんなく撒いておけば、Ｂ 微生物が家畜の糞尿と一緒に悪臭の原因となる物質を分解し、鼻を突くような臭いが著しく減少する。そのため、国内外を問わず各地の畜産農家でコーヒーかすの脱臭剤が脚光を浴びている。

① 家畜の餌となる
② コーヒーかすを減らす
③ 悪臭を減少させることができる
④ 臭いの原因を増加させる

3.

　A自宅でコンピューターやタブレットで運動動画を見ながら一人で運動を楽しむ若者層が急激に増えている。いつでもどこでも行える運動動画は、忙しい日常の中、なかなか時間を作って運動を習いにいくことができない会社員や、人混みから離れ、運動くらいは一人で静かにしたいという人々に注目されている。そのため、最近は自宅で運動する人のためにC室内で行っても下の階への騒音はたてずに（　　　　　　）動作だけを集めた運動動画が人気を集めている。B隣人に迷惑をかけず、自宅でも強度の高い運動を楽しむことができると評判だ。

① 暗記しやすい
② 運動量は最大化した
③ 運動不足を補う
④ 運動初心者に適した

正解②
　A自宅で動画を見ながら一人で運動する人が増えた。
　B隣人に迷惑をかけずに強度の高い運動を楽しむことができる。
→ なぜなら、C室内で行っても下の階への騒音はたてずに（運動量は最大化した）動作だけを集めた運動動画があるからである。

単語　□즐기다 楽しむ　□급격히 急激に　□늘다 増える
　　　□따라하다 真似する　□실내 室内　□피해를 주다 被害を与える

4.

　C長期的な計画を立てて大きな目標を達成することも重要だが、日常において（　　　　　　）地道に成し遂げていくことが何より重要である。A達成感は何よりも強い動機付けになるが、必ずしも大層なものでなくても、自分自身が決めた何かを成し遂げたという満足感は心の中の大きな支えになるからである。朝5分間の瞑想、自分を1日1回褒めてあげること、本を10

枚（ページ）ずつ読むことのように、B ささやかだが自分を満足させることを成し遂げれば、自分自身を信じる気持ちが強くなり、大きな目標を達成するのにも役立つ。

① 毎回失敗したことを
② 実現可能な小さな目標を
③ 誰もが立てたことがありそうな目標を
④ なかなか経験しがたいことを

正解 ②

B 小さなことでも達成感を感じられることを成し遂げれば、大きな目標を達成するのに役立つ。

A 達成感は強い動機付けになるからである。

→ そのため、C 大きな目標を達成することも重要だが、日常で（実現可能な小さな目標を）着実に成し遂げていくことが重要である。

単語　□계획을 세우다 計画を立てる　□이루다 成し遂げる
　　　□성취감 成就した満足感　□동기 動機　□뿌듯하다 満足する
　　　□실현하다 実現する

---

② 空欄に最も適切な内容を入れる 2 ［問題28-31］

[1-4] 次を読んで（　　　）に入る内容として最も適切なものを選びなさい。

1.

A 日光や蛍光灯の光を見ると、思わずくしゃみをする人がいる。C これは体が（　　　）反射的にくしゃみをするためで、アチュー症候群という。症状が起きる具体的な原因は明らかにされていないが、多くの学者は B 急に増えた光の量が目と鼻につながっている三叉神経（さんさ）に過度な刺激を与えて、くしゃみが誘発されるものと推定している。世界の人口のうち約20〜30%がこの症候群だとされているが、光を見た後にくしゃみをしたからといって、健康に問題があるわけではないので安心してよい。

① 光の波長を分析して
② 光の刺激に反応して
③ 光の程度を推し量るために
④ 光を十分に吸収しようと

正解 ②

A 光を見るとくしゃみをする人がいる。

B これは急に増えた光の量のためである。

= C これは体が（光の刺激に反応して）反射的にくしゃみをするからである。

単語　□반사적 反射的　□아츄 증후군 アチュー症候群、光くしゃみ反射
　　　□증상 症状　□유발되다 誘発される　□밝혀내다 明らかにする
　　　□안심하다 安心する

2.

　A 私たちは非常に多様なカビと共存している。C 目に見えなくても小さな胞子は空気中に漂っており、（　　　　）環境になると急速に繁殖する。カビの種類は数え切れないほど多いが、B 基本的にカビが好きな環境がある。摂氏温度が20-30度で暖かく多湿な空間、そして十分な栄養分が供給されるところである。したがって、カビが広がるのを防ぐためには湿度を60%以下に下げ、時々換気をするのがよい。

① 成長するのに適した
② 湿度調節が容易な
③ 繁殖力を退化させる
④ 低い温度が維持される

正解 ①

A 私たちの周りには非常に多様なカビがいる。

3.
　反転授業は従来の教授者が一方的に講義をし、学習者がこれを受け入れる
トップダウン式の授業とは異なり、Ａ学習者は教授者が事前に準備した講
義を前もって見てきた後に、授業現場で協働活動を通じて学びを広げていく。
この教育法について学習者は、本格的な授業に先立って学習内容を前もって
知ることができるという点と、Ｂ他の学習者とともに活動しながら理解の
幅を広げることができるという点を高く評価している。Ｃさらに教室では
多様な議論を基に、教授者だけでなく学習者間の（　　　　　）評判だ。

① 交流が低下するという
② 競争が激化するという
③ 専門性に欠けるという
④ 相互作用が最大化するという

4.

　A最近、一部の企業では商品の社名を隠すことに熱を上げている。社会的な物議を招いて不買運動の打撃を受けたり、さまざまな理由で企業としての信頼度が低くなった企業が、C会社のロゴが商品の販売利益を（　　　　　　）判断されれば、思い切ってロゴを消し、商品名を強調するのである。例えば、B商品の表面の表記には社名を使わず、商品名だけを記載してどの会社の製品なのかを曖昧にする。それだけでなく、商品の裏面に必ず書かなければならない会社情報も同様に、会社のロゴは消して名前だけを小さく残す方法で商品の出所を把握しにくくしている。このような方法を採択した企業は消費者に信頼度の低い会社の存在は隠し、商品だけを強調して販売量が増えることを期待している。

① 上げるのに適していると
② 上げるのに邪魔になると
③ 急減する効果があると
④ 多方面に拡大できると

正解②

A企業としての信頼度が低くなった企業は、商品から会社名を隠そうとしている。

B製品において、商品名を強調し、どの会社から発売されたものなのかをわかりにくくする。

＝ C信頼度が低くなった企業が、会社のロゴが商品の販売利益を（上げるのに邪魔になると）判断されれば、思い切ってロゴを消し、商品名を強調する。

単語　□일부 一部　□사회적 社会的　□물의 物議

　　　□타격을 입다 打撃を受ける　□신뢰도 信頼度

　　　□모호하다 曖昧だ　□소비자 消費者

---

3 空欄に最も適切な内容を入れる 3［問題45, 49］

［1-4］ 次を読んで（　　　　）に入る内容として最も適切なものを選びなさい。

1.

　　C国内出版業界の某企業では勤務時間の（　　　　）裁量労働制を採用した。型にはまった考えから脱し、斬新なコンテンツを企画、生産し、これを可視的な結果にするように社員の力量を引き出すために下した決断である。この企業の代表はA裁量労働制を通じて社員が仕事と生活のバランスを見つけられるのはもちろん、個人ごとに最高の状態を維持できる勤務時間帯が異なるため、融通がきく勤務環境づくりが会社をより一層成長させると考えている。社内の従業員だけでなく作家、ブックデザイナーなどフリーランスとのコミュニケーションも欠かせない出版業界であるため、担当した仕事によって各々能率を上げられる時間帯が多様にならざるを得ない。したがって、この企業はそのような状況を考慮して裁量労働制を成長の足がかりにしようとした。また、社員間の評価を通じて、互いに同じ時間帯に同じ空間で働かなくても、どれほど誠実に職務を全うしたのか徹底した調査が行われる予定である。B責任を前提とする自由な勤務環境づくりに拍車をかけている。

① 延長を考慮する
② 短縮を図る
③ 自律性を拡大する
④ 融通性を拒む

> 正解 ③
> A裁量労働制を通じて融通のきく勤務環境づくりが会社をさらに成長させるものと考えている。
> B責任を前提とする自由な勤務環境づくりに拍車をかけている。
> → C国内出版業界の某企業で、勤務時間の（自律性を拡大する）裁量労働制を採用した。

単語	□근무 勤務	□채택하다 採用する	□융통성 融通性
	□능률 能率	□다채롭다 多彩だ、多様だ	□방관 傍観
	□책임 責任		

2.

Ａ以前と比べて公教育で漢字教育の地位が低くなり、日常でも漢字使用が減少したため、生徒の読解力が急激に下がっている。高校の国語の時間には、生徒が教科書に載っている文章の全体的な要旨や文脈を理解することはさておき、単語の意味がわからないため、円滑な授業が行われず、困っていると訴える教師が増えている。韓国語で授業をしているのに、まるで外国語の授業をするかのように辞書を広げておいて、単語の意味を一つ一つ解釈しなければならないのが実情である。Ｃもちろんハングル専用世代に対して漢字教育を行わなくても（　　　　）大きな問題はないかもしれないが、学校は単に食べていくために必要な最小限の知識だけを伝えるところではない。ときには答えのない問題に苦悩し、真理を探求したりもしながら、無限の思考の広がりと可能性を開いてくれる場所である。読解力はそれを成し遂げるための最も基本的な要素であり、Ｂ漢字教育の不足により読解力が低下すれば、すべての教育の根幹が揺らぐ可能性がある。

① 就職活動をするのには
② 教科書を分析するのには
③ 義務教育を行うのには
④ 日常の生活を送るのには

正解 ④

Ａ漢字教育が減り、生徒の読解力が下がっている。

Ｂ漢字教育の不足により読解力が低下すると、すべての教育の根幹が揺らぐ問題になる可能性がある。

→ Ｃハングル専用世代に漢字教育を行わなくても（日常の生活を送るの

には）大きな問題がないかもしれないが、学校は単に食べていくため
の最小限の知識を伝えるところではない。

単語　□입지 地位、立場　□일상 日常　□감소하다 減少する
　　　□문해력 読解力　□맥락 文脈（脈絡）　□탐구하다 探求する
　　　□저하되다 低下する

3.

　Ａ化粧品業界で、環境保護運動に参加しようと、時代の流れを考慮した
「リユース」売り場の活性化に力を入れている。リユース売り場では、消費
者が使い終えた化粧品の容器を持ってくれば、適切な消毒過程を経て希望す
る基礎化粧品の中身を再び詰めてくれる。容器を再利用するため、最初に買っ
た製品より 35％ ほど安い価格で提供され、化粧品の容量も購入者が選択で
きる。化粧水、乳液のような基礎化粧品を使用した後、リサイクル品として
Ｂ容器を分別するときは中身をきれいに洗わなければならないが、容器の構
造上洗浄が容易ではないので一般ゴミとして捨てられる場合が多い。Ｃそ
のため、化粧品業界では（　　　　）方法を模索していたところ、「リユース」
売り場を企画したという。まだ実施の初期段階なので積極的な広告が必要な
時期であるが、一度でもリユース売り場を利用したことのある消費者は満足
度が非常に高いことがわかった。化粧品容器を再び使うとしても、店舗で 3
段階にわたって十分な消毒をするので安心して使えるという意見が圧倒的で
ある。

① 容器の単価を下げることができる
② 容器の再利用率を高めることができる
③ 容器と中身を分離できる
④ 容器の消毒過程を減らすことができる

正解 ②
Ａ環境保護のため化粧品会社は「リユース」売り場を開いた。

Ｂ化粧品の容器は洗浄が難しく、分別収集がうまくいかなかった。

→ Ｃそのため、化粧品業界では（容器の再利用率を高めることができる）
方法を模索していたところ、「リユース」売り場を企画したという。

単語　□환경 보호 環境保護　□시대 時代　□활성화하다 活性化する
　　　□희망하다 希望する　□재활용품 リサイクル品
　　　□방안 方法、方案　□소비자 消費者

4.

　モバイルまたはパソコンのメッセンジャーを活用して、家族、知人とコ
ミュニケーションを取ることは今日(こんにち)の日常になった。Ａメッセンジャーは
私生活の領域だけでなく、業務でもいろいろ活用されている。しかし、Ｃそ
のため、公私の区別が曖昧になり、メッセンジャーで行う業務指示に（　　　　）
人も少なくない。Ｂメッセンジャーのアラームが鳴るだけでもストレス
だったり、ひどい場合は携帯電話を見たくないという場合も多い。そのため、
国内のある IT 企業では、業務用メッセンジャーを開発したのだが、時間を
指定すればアラームが鳴らないように設定ができ、チームメンバーとグルー
プチャットルームを作ってリアルタイムで会議内容、業務日程などを共有で
きる機能が搭載されている。一般的なメッセンジャーと大きな違いがないよ
うに見えるかもしれないが、業務に最適化された要素だけを選んでビジネス
用に製作されたという点に意義がある。同じ業務指示でも個人用メッセン
ジャーで連絡を受けるのではなく、業務用メッセンジャーで連絡を受けるこ
とだけでも公私の区別をつけるのに役立つというのが開発者の意見である。

① 戸惑う
② 満足感を示す
③ 強い反感を感じる
④ 集中力が向上するという

Ⓐメッセンジャーは私生活だけでなく業務にも使われる。

Ⓑ業務メッセージのアラームのため、ストレスを受ける人が多い。

→ Ⓒそれにより、公私の区別が曖昧になり、メッセンジャーで行う業務指示に（強い反感を感じる）人も少なくない。

単語 □사생활 私生活、プライバシー　□영역 領域　□업무 業務
　　　□일반적이다 一般的だ　□제작되다 製作される

④ 接続語を選ぶ［問題19］

[1-4] （　　　）に入る適切なものを選びなさい。

1.

　Ⓐ日常で使うさまざまな生活用品は私たちの予想より使用期限がはるかに短い。タオルや枕はおおよそ2年程度使えばバクテリアが増殖するため交換したほうがよく、ヘアブラシも細菌の繁殖を防ぐために1年周期に変えることをお勧めする。（　　　）Ⓑさまざまな食べ物を入れるプラスチック容器は使用期限がとても短い。長く使うと有害化学質が発生するので、3カ月以上使用した後は処分することが望ましい。

① 果たして　　② または　　③ 一方で　　④ 特に

Ⓐ生活用品の使用期限は思ったより短い。

Ⓑプラスチックは使用期限がとても短い。

→ 空欄の前の内容に比べ、より強調すべき内容が空欄の後に続いているので、正解は④。

単語 □일상 日常　□생활용품 生活用品　□사용 기한 使用期限
　　　□대략 おおよそ　□추천하다 お勧めする　□세균 細菌
　　　□바람직하다 望ましい

2.

　16 世紀以降、ヨーロッパ全域で流行した建物様式をバロック様式という。
A バロックはゆがんだ、へこんだ真珠を意味するポルトガル語から由来し
た単語で、古典様式と比べて誇張された感じの建築物を皮肉る言葉から始
まった。（　　　　　）B 時間が経つにつれて軽蔑の意味は消え、当時の建築
様式を指す言葉として定着した。また、その後は建築様式だけでなく、当時
流行していた音楽、美術のような芸術領域を合わせてバロックと呼ぶように
なった。

① しかし　　② むしろ　　③ 反面　　④ さらに

正解 ①

A 「バロック」とは誇張された感じを皮肉ることから由来した用語である。
B 時間が経って、軽蔑の意味は消えた。
→ 空欄の前後の内容が相反しているので、正解は①。

単語　□전역 全域　□양식 様式　□유래되다 由来する　□당대 当代
　　　□자리잡다 定着する

3.

　サツマイモ、バナナ、トマト、牛乳。どれも朝食の代わりに食べたり、朝
食によく登場したりする食べ物である。しかし、このような食べ物は空腹時
に摂取した場合、私たちの体に負担を与えることになる。簡単に素早く満
腹感を与えるため、A 摂取直後には安定感を与えているように思われるが、
（　　　　　）B 胃酸の分泌を促進して胃に負担を与えたり、胃腸障害を悪化
させたりもする。それにバナナは血中のカリウムとマグネシウムの不均衡を
起こすこともあるので、空腹時には摂取を避けたほうがよい。

① とにかく　　② それでは　　③ むしろ　　④ それで

正解 ③

A 「サツマイモ、バナナ」などの食べ物は摂取直後に安定感を与えるように思われる。

B 胃酸の分泌を促進させ、胃腸に負担を与える。

→ 一般的に知られていることとは逆に、予期せぬ結果が起こるという流れなので正解は③。

単語 □대용 代用　□공복 空腹　□섭취 摂取
　　　□부담을 주다 負担を与える　□직후 直後
　　　□악화시키다 悪化させる

4.

　A 劣等感は欠乏から来るものだと考えがちだが、自分が誰よりも優れているという気持ちに起因する。他人より優位に立っていると思っていたが、その他人がある日、自分が持っていない価値や物質を手に入れると耐えられない敗北感に陥り、劣等感を抱くようになる。B 言い換えれば、その人ではなく、自分がそれを持つべきだといううぬぼれと自己愛に起因するのである。（　　　　　）C 劣等感は傲慢が引き起こす心の闇といえる。

① このように　　② むしろ　　③ それでも　　④ しかし

正解 ①

A B 「劣等感」は自分が誰よりも優れているという気持ち、うぬぼれ、過度な自己愛に起因する。

C 「劣等感」は傲慢が引き起こす心の闇である。

→ 空欄の前で取り上げた内容をまとめ、他の表現で再び述べているので正解は①。

単語 □열등감 劣等感　□결핍 欠乏　□우월하다 優れている
　　　□물질 物質　□견디다 耐える　□오만 傲慢

5 慣用表現を選ぶ［問題21］

[1-4]（　　　）に入る適切なものを選びなさい。

1.

　表向きはとても優しく穏やかに見えるが、心の中では **A**自分だけの基準が非常にはっきりしている人々がいる。彼らは、誰かが自分が決めておいた一線を越える行為をすると、一、二度は理解しようとするが、限界点を超えると過去を顧みることなく、彼らと（　　　）。**B**絶縁された人はわけがわからないまま戸惑うが、連絡を絶った人々はすでに相手に心の中で何度も機会を与えていたのである。

① 歯ぎしりをする
② 足を抜く
③ 前後を測る
④ 塀を築く

> 正解 ④
> **A**で「彼ら」は自分だけの基準が非常に明確な人々だと述べられている。空欄の後の **B**では彼らに絶縁された人々は戸惑うという内容が続くので、正解は「関係を断つ」という意味の④。
>
> 単語　□다정하다 優しい　□기준 基準　□분명하다 はっきりしている
> 　　　□선을 넘다 一線を越える　□행위 行為　□한계점 限界点
> 　　　□넘다 越える

2.

　このごろファーストフード店に設置されている **A**キオスク（情報端末機）の前で不慣れな注文方法に（　　　）人々は上の世代だけではない。**B**若い世代の人も直観的にタッチパネルを作動させてはみるが、初めて見る機械には多少戸惑うものである。そのため、一部のファーストフード店ではキオスクだけで注文を受ける場合、義務として少なくとも1人の店員を置いて、

練習問題　訳と解答

タイプ⑤

円滑な注文がなされるよう顧客の便宜を図ることにした。

① 頭を下げる
② 脂汗を流す
③ 頭を寄せ合う
④ 足首をつかまれる

正解 ②

Aで新しい注文方法に対して（　　）人々は上の世代だけではないと述べ、その後の**B**で、若い世代もやはり初めて見る機械に戸惑うと述べている。したがって、正解は困難に遭って苦労している状況を表す②。

単語　□**낯설다** 不慣れだ　□**기성세대** 既成世代（現在の社会を引っ張っている年配の世代）　□**직관적** 直観的　□**작동하다** 作動する　□**일부** 一部　□**의무적** 義務的　□**고려하다** 考慮する

3.

　電話相談員に暴言や悪態をついたり、侮辱をしたりして**A**心理的な被害を与えた場合に下されていた法的処罰が来年以降、厳しくなる予定だ。対面していない状況において、言葉で加える暴力もまた誰かの心に（　　　　）**B**認識がより強固に社会に定着する必要がある。これに伴い、有線（電話）で行われる脅迫、言語的暴力、侮辱に従来と比べて重い処罰が下される予定である。

① 熱を上げるかもしれないという
② 釘を打つかもしれないという
③ 頭を下げるかもしれないという
④ 頭が痛くなるかもしれないという

正解 ②

AとBでは非対面の状況における言葉の暴力に対する処罰が強化される
予定であり、言葉で加える暴力に対する深刻性を認識しなければならない
という内容が繰り返されている。したがって、正解は 마음에 못을 박다（（誰
か）の心に大きな傷を与える）という意味になる②。

単語　□모욕 侮辱　□심리적 心理的　□피해를 입히다 被害を与える
　　　□대면 対面　□처벌 処罰　□폭력을 가하다 暴力を加える
　　　□행하다 行う

4.

A最近、青少年の間で住む場所によって友達を選り分けて付き合うのが
流行のように広がり、大きな社会問題になっている。最近の中高生はメッセ
ンジャーに自己紹介を残すとき、居住する建物の名前や町名を一緒に表記し
て富を誇示するという。自己紹介で友達の生活水準を見定めた後、自分の家
庭と経済状況が似ている友達を作るということである。B彼らはまるで結
婚するために自分が希望する条件を並べておいて、（　　　　　）完璧な配偶
者を探そうとするような態度を取っている。C物質万能主義の弊害が極端
に現れている一例である。

① 前後を測りながら
② 胸を叩きながら
③ 耳を傾けながら
④ 足並みをそろえながら

正解 ①

Aで、最近、青少年が居住地によって友達を選り分けて付き合っていると
述べている。Bの空欄のある文の 이들（彼ら）は青少年のことを指して
おり、彼らは友人を選ぶ際、まるで配偶者を探すときのような態度を取っ
ていると述べ、Cでこのことを物質万能主義の弊害と説明している。した

がって、正解は「自分の損得を考える」という意味の慣用句である①。

単語 □**가리다** 選り分ける　□**사귀다** 付き合う　□**거주하다** 居住する

□**과시하다** 誇示する　□**가늠하다** 見計らう　□**유사하다** 類似する

□**물질만능주의** 物質万能主義

タイプ⑥ 新聞記事の見出しをよく説明している文を選ぶ

練習問題　訳と解答

1 記事の見出しをよく説明している文を選ぶ［問題25-27］

[1-4] 次の新聞記事の見出しを最もよく説明しているものを選びなさい。

1.

> 現金使用不可のファーストフード店の開店、賛否分かれる

① ファーストフード店での現金使用に関する投票が行われた。
② 今後、飲食店内の現金使用を大幅に減らすための討論会が開催された。
③ 現金で決済できない飲食店に対する意見が賛成と反対に分かれた。
④ 株主の投票で現金使用が不可能な店舗の開店の可否を決めようとしている。

> 正解 ③
> 現金の使用ができない飲食店に対して、賛成と反対の意見があるという内容なので正解は③。
>
> 単語　□불가 不可　□찬반 賛否　□엇갈리다 行き違う、分かれる

2.

> 仁州市工場団地、利益創出に目がくらみ、労働者の安全は後回し

① 仁州市にある工場は他の地域の工場より労働環境が安全である。
② 労働者の安全を最優先に考える工場が仁州市に増えている。
③ 仁州市工場団地では利益を上げるために安全な勤務環境をつくった。
④ 仁州市にある工場は利益を出すことだけを重視して、安全管理がおろそかになっている。

129

「仁州市工場団地」に関する記事の見出しで、눈멀다（目がくらむ）、뒷전（後回し）という否定的な内容を扱うときに使う表現が含まれているので、正解は④。

単語　□이익 利益　□창출 創出　□눈(이) 멀다 目がくらむ
　　　□뒷전 後回し

3.

収穫を控えて連日続く雨、農民はため息

① 長い日照りの末に本格的な梅雨が始まり、農民が安堵^{あんど}している。
② 農産物が育ち始める時期に降った大雨で農民が被害を受けた。
③ 例年より多い降水量で農民は良質な農産物が収穫されることを期待している。
④ 農産物の収穫まであと少しのところで、降り続く雨により農民が苦しんでいる。

正解 ④

降り続く雨のせいで農民が 한숨을 쉰다（ため息をつく）とある。これは「心配が多い」という意味なので正解は④。

単語　□수확 収穫　□앞두다 控える、目前に迫る　□이어지다 続く

4.

コーヒーショップ内、一部の使い捨て用品使用禁止でゴミ削減効果「大」

① コーヒーショップで使われる使い捨て用品をすべて制限し、利用者が不便を強いられた。

② コーヒーショップでの使い捨て用品の使用を禁止することで、ゴミを減らす効果が得られた。
③ 消費者がコーヒーショップから出てくるゴミを分別収集したため、環境保護に役立った。
④ コーヒーショップ内のゴミ箱には義務として使い捨て用品を捨てられないようにしたため、ゴミが減った。

正解 ②

効과（効果）と 독독（독독히 の略語で「非常に多く、たっぷり」）が一緒に使われると、「効果が良い」という意味になる。一部の使い捨て用品の使用を禁止することでゴミを多く減らすことができたという内容と解釈できるので、正解は②。

単語　□일회용품 使い捨て用品　□금지 禁止　□줄이다 減らす

タイプ⑦ 文章の中心となる考えや目的を選ぶ

▶練習問題　訳と解答

1 文章の中心となる考えを選ぶ［問題22］

[1-4] 文章の中心となる考えを選びなさい。

1.

　無人決済システムとは、機械を利用して消費者が自ら注文をして決済するシステムをいう。人件費を負担に感じている事業者にとっては人件費を節約するための良い方法となりうる。消費者にも店員を気にせずに品物を選ぶことができてよく、人が押し寄せる時間に決済する時間が節約できるため、効率的である。もちろん、まだ無人決済システムが不便な消費者もいる。特に中高年層の場合、不慣れで少し難しく感じられることもあるが、使い方を一度覚えてしまえば、簡単に利用でき、短所より長所のほうが多いシステムである。

① 無人決済システムは消費者に不便さを引き起こす。
② 無人決済システムは事業者と消費者に役立つシステムである。
③ 消費者は無人決済システムを使うと、品物を早く選ぶ必要がある。
④ 中高年層の消費者は無人決済システムを受け入れ難いと考えている。

正解 ②

無人決済システムに関する文章。文章の中心となる考えは主に後半部に書かれていることが多い。後半部で、無人決済システムは長所がより多いシステムという内容で終わっているため、②を選ぶとよい。

単語　□**무인 결제 시스템** 無人決済システム　□**인건비** 人件費
　　　□**부담스럽다** 負担に思う　□**절약하다** 節約する
　　　□**몰리다**（人が）押し寄せる、集まる　□**효율적** 効率的
　　　□**낯설다** 不慣れだ

2.

　全世界が一つの市場と考えられているグローバル化時代において、英語の
できる人が会社や社会で良い待遇を受ける時代が来た。しかし、韓国社会で
は公教育だけでは実用的な英語を習得することは難しいという意見が多い。
英語を上達させるには、（公教育とは）別に、他のところで私教育を受けた
り、個人的にもっと多くの努力を払う必要がある。このような背景から早期
英語教育が議論されている。早期英語教育は多くの教育費、子供たちに与え
る学業ストレス、母語習得の妨げになるといった短所から、批判的な見方も
少なくない。しかし、このような短所を改善して教育が行われれば、長期的
な観点から見たとき、子供が成長しながら身につけることができる一つの強
力な競争力になりうるだろう。

① 韓国社会では英語が上手でなければならない。
② 公教育だけでも英語の実力を上げることができる。
③ 早期英語教育を批判的に見る人が多い。
④ グローバル化時代において、子供に適切な早期英語教育は必要である。

正解④
早期英語教育に関する文章。ここでも文章の中心となる考えが後半部で述
べられている。後半部で「早期英語教育の短所が改善されれば、長期的な
観点から子供の強力な競争力になりうる」という内容が出てくるため、④
を選ぶとよい。

単語　□대우 待遇　□실용적 実用的　□습득하다 習得する
　　　□이슈（議論すべき）問題　□비판 批判　□개선 改善
　　　□장기적 長期的　□경쟁력 競争力

3.

　ファイア族とは、若いときに経済的に自立し、遅くとも40代で早めに会
社を引退することを希望する人々のことをいう。ファイア族は経済的に自立

133

するため、若いときに給料を極端に節約したり、老後の資金を早く確保するために努力する。社会的な労働活動から抜け出してストレスを受けずに自分の幸せを追求するファイア族は、最近多くの人々の羨望の的となっている。しかし、ファイア族の極端な節約と若者の生産活動の減少は、金融危機にまでつながりかねない深刻な経済問題を引き起こす可能性がある。多くの経済専門家はファイア族を希望する若者に、会社を完全に辞めるより、嫌いなことやお金のためだけにする仕事を辞め、実際に楽しめる仕事を探すよう助言している。

① ファイア族の増加は経済的にマイナスの影響を及ぼす可能性がある。
② ファイア族はストレスを受けずに自分自身の幸せを追求することができる。
③ ファイア族の節約と生産活動は、経済的に社会に大いに役立つ。
④ 経済専門家は若者にお金のためにしている仕事を辞めるよう助言している。

正解 ①

ファイア族に関する文章。文章の後半部で「しかし、ファイア族の節約と生産活動の減少が経済問題を引き起こす恐れがある」という内容が出てきた後、経済専門家の助言が続いている。この内容と最も近い①が正解。

単語　□파이어족 「Financial Independence, Retire Early（経済的自立、早期退職)」と「族」から成る新語　□자립 自立　□은퇴 引退
□극단적 極端な　□절약 節約　□추구하다 追求する
□선망 羨望（憧れ）　□대상 対象　□여겨지다 ～と思われる

4.
　今日、韓国社会の職場内ではさまざまな世代がともに仕事を行っている。長くなった寿命とともに経済活動年齢が上がり、中間管理職くらいの（年齢の）70年代生まれから新人の90年代生まれまで、同じオフィスで働いている。職場内のさまざまな世代の協業は、熟練した社会経験と新しいアイデアのようないろいろな長所を見せることができるが、世代格差から葛藤を引き

起こしたりもする。上司の業務指示が非効率であったり、給料に比べて仕事量が多いと感じられると、90年代生まれはすぐに不満をあらわにする。しかし、上司の業務指示に無条件に従う環境で働いていた70年代生まれは、このような新人の態度に戸惑う。二つの世代のどちらかに非があるわけではない。お互いが違う環境で育ってきたが、現在同じ環境で仕事をすることになって意見が衝突しているだけである。上の世代と新世代が職場内で互いの考え方の違いを素直に受け入れ、受け止めようとする姿勢と配慮の気持ちが必要な時代になった。

① 韓国社会では職場内でさまざまな世代がともに働いている。
② 高齢化現象とともに、過去より経済活動年齢が上がった。
③ 新世代は上司の非効率な指示に我慢せず、すぐに態度に表す。
④ 職場内の世代間の葛藤を解決するため、互いに理解する態度が必要である。

正解 ④

職場内の世代格差に関する文章。後半部で「上の世代と新世代が職場内で互いの考え方を素直に受け入れ、受け止めようとする姿勢と配慮の気持ちが必要な時代になった」という内容が出てくる。これと最も近い④を選ぶとよい。

単語 □수명 寿命 □연령 年齢 □협업 協業 □갈등 葛藤
　　 □야기하다 引き起こす □상사 上司 □무조건 無条件
　　 □충돌하다 衝突する

② 文章を書いた目的を選ぶ［問題48］

【1-4】文章を書いた目的として適切なものを選びなさい。

1.
　さまざまな著作物の間で盗作に関する疑惑や紛争が絶えない。「盗作」という用語は一般的に二つの著作物の間で実質的に表現が類似している場合はもちろん、全体的な雰囲気が似ている場合まで幅広く使われている。このよ

うな盗作は、他人の著作物を自分が創作したかのように偽ったという道徳的非難が強く含まれている。しかし、盗作と見なす前に注意しなければならないことがある。（　　　　　）比較する対象が著作物に該当していなかったり著作権法の保護対象ではないアイデアの領域が類似していた場合にまで盗作という用語を使っているという点において、アイデア自体は保護せず創作性のある具体的な表現だけを保護する著作権侵害と区別する必要性がある。

① 盗作事例を分析するために、
② 盗作の問題を提起するために、
③ 盗作の警戒性を力説するために、
④ 盗作と著作権侵害との違いを説明するために、

正解 ④

盗作と著作権侵害に関する文章である。文章の中心的な考えは、後から1、2文目に出てくることが多い。文章の後半部に「盗作と見なす前に、著作権侵害と区別する必要性がある。」という内容が出てくる。これと最も近い意味である④を選ぶとよい。

単語　□저작물 著作物　□표절 盗作　□분쟁 紛争
　　　□유사하다 類似する　□내포되다 含まれる
　　　□보호하다 保護する　□침해 侵害　□구별하다 区別する

2.

今日、地域利己主義はさまざまな社会的問題を引き起こす否定的な現象として見なされている。だが、民主主義の観点から、地域利己主義は民主主義の未完成から始まったものだという立場とも考えられる。地域化された利益を追求することは、民主主義的多元性が一般化した国では普遍的な現象である。しかし、このような利害関係が地域間の競争と地域利己主義という形で現れること自体が、我々の社会に多元主義が定着していないという事実を教えてくれる。（　　　　　）地域利己主義は民主主義の否定的な断面として理

解されてはならず、むしろより良い民主主義に向かう過程の一つとして認識されなければならない。ただし、問題は地域利己主義を民主主義という価値の下で、いかに適切に純化させ、多様な利害関係の中で合意に至らせることができる制度的緩衝装置を用意しなければならないだろう。

① 地域利己主義を紹介するため
② 地域利己主義を分析するため
③ 地域利己主義の問題点を提起するため
④ 地域利己主義に対する新しい見解を提示するため

正解 ④
地域利己主義に関する文章である。提示されている語彙および文型、内容の難易度が高い。文章の後半部に「地域利己主義を否定的な断面として理解せず、より良い民主主義への過程の一つとして認識しなければならない。」という内容が出てくる。これと最も近い意味である④を選ぶとよい。

単語　□지역 이기주의 地域利己主義　□추구하다 追求する
　　　□다원성 多元性　□보편적 普遍的　□순화 純化　□합의 合意
　　　□도출（考え、結論などを）導き出すこと　□완충 緩衝

3.

　最近、お金を稼ぐために働かず、働く計画もない若者の無職者、「ニート」が増加傾向にある。韓国の「若者ニート」の割合が増加したことにより、国家的に大きな経済的損失が発生している。少子高齢化現象による人口構造の変化とともに生産可能人口が持続的に減少している状況で、若者ニートは労働力不足の問題をより一層深刻にさせている。（　　　　）専門家は今後、若年層のニートを労働市場へ誘導するために対案を用意しなければならないと口をそろえる。対案を用意するためにはニートの根本的な問題を解決しなければならない。社会生活に対する不安、就労意欲の喪失などの問題を解決するためには、若年層のための就労支援と心理相談プログラムが必要である。

それだけでなく、ニートの割合を減らすために、投資と労働市場の改革、雇用の創出などの問題も改善しなければならない。

① 労働力不足問題の原因を明らかにするため
② ニートが人気の理由を説明するため
③ 若年ニート問題の解決策を探るため
④ 人口構造の変化とニートの関係を分析するため

正解 ③

若年ニートに関する文章。文章の後半部に「就労支援、心理相談プログラムが必要」、「投資、労働市場の改革、雇用の創出などの問題も改善しなければならない」といった内容が述べられている。これと最も近いことを表している③を選ぶとよい。

単語　□무직자 無職者　□손실 損失　□생산 生産
　　　□심화 深化、深めること　□유도하다 誘導する　□대안 対案
　　　□근본적 根本的　□개선하다 改善する

4.

　ヘリコプターペアレントとは、子供の養育と教育に度が過ぎるほど関心を注ぐ親を指す用語である。その名の通り、ヘリコプターのように子供の頭上を旋回することから付けられた名前である。ヘリコプターペアレントは子供が青少年期を過ぎて成人になっても影響力を行使する。大学では、子供の就職を成功させるため、成績に問題が生じればとんでもない理由で抗議したり、子供の出席日数のために親が代理で出席する場合もある。(　　　　)ヘリコプターペアレントは子供の私生活にも干渉する。子供の SNS への投稿について口出しし、子供の日常生活を一日中探り調べる。このようなヘリコプターペアレントは子供にも悪い影響を与える。近くですべてを世話してくれるヘリコプターペアレントによって、子供は成人になっても自分で決められず、自己決定障害になって生きていくことになるという見解がある。

① ヘリコプターの原理を説明するため

② ヘリコプターペアレントの行動を分析するため

③ ヘリコプターペアレントに助言をするため

④ ヘリコプターペアレントが子供に与える影響を提示するため

正解 ④

ヘリコプターペアレントに関する文章。文章の後半部に「子供に悪い影響を与える」、「自分で決められず、自己決定障害を持つことになる」といった内容が述べられている。これと最も近い内容を表している④を選ぶとよい。

単語　□양육 養育　□지나치다 行き過ぎる　□맴돌다 ぐるぐる回る
　　　□행사하다 行使する　□항의하다 抗議する
　　　□간섭하다 干渉する　□참견하다 口出しする　□앓다 患う

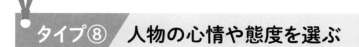

タイプ⑧ 人物の心情や態度を選ぶ

☑ 練習問題　訳と解答

① 下線部の人物の心情を選ぶ［問題23, 42］

【1-4】 下線を引いた部分に表れている「私」の心情として適切なものを選びなさい。

1.

　Ａ友達が約束の時間に遅れるというので、近くのカフェでコーヒーを飲みながら待つことにした。ホットコーヒーを一つ注文して外が見えるところに席を取ったのだが、私のそばには3、4歳ぐらいに見える子供と母親が座っていた。母親は子供を席に座らせようとしていたが、かなり活発な坊やなのか、全く言うことを聞かず、苦労しているようだった。3分ほど経って注文したコーヒーを受け取り戻ってくると、その短い間に何があったのか、Ｂ子供の母親の飲み物は半分くらいこぼれていて、子供はそんな中でもじっとしていられず、母親は限界に達した様子だった。

　そのとき「あんた、ずっとこんなふうに話を聞かないのなら、このおばさんにきつく叱ってくださいと頼むわよ！」と言い、子供の母親はいきなり私を指差した。Ｃこの女性は子供にびしっと何か一言を言ってくれというようなまなざしをしきりに私へ送った。甥もいない私は生まれて初めて経験する出来事に★どうすればよいのかわからず、ぽかんと突っ立っているしかなかった。結局、気まずい雰囲気から私は「やめてね！」と子供に小さく言って、静かに席に座った。

① 不安だ

② 困る

③ 安心する

④ 希望する

A 「私」は友達を待つ間カフェに入ったところ、隣の席には子供と母親が座っていた。

B 子供が飲み物をこぼして母親はとても怒った。

C 子供の母親は「私」が子供を叱ってくれることを望んでいた。

→ しかし「私」は★にあるようにどうすればよいかわからなかったと述べているので正解は②である。

単語 □활기 活気 □쏟아지다 あふれる
　　　□한계에 다다르다 限界に達する　□어색하다 気まずい

2.

　A 誰よりも数学が嫌いだった私は、中学2年生のときにうちのクラスにやってきた数学の先生のおかげで数学に興味を持つようになった。いつも優しい笑顔でなんとなく暖かい感じがしたその先生は、生徒たちにとって第2の母親のような存在だった。私もまた誰よりも先生にたくさん頼っていて、先生ともっと話したい、親しくなりたいという気持ちで、数学の勉強に熱中するようになった。ただ、人より基礎が足りなかったので、簡単な問題にもついていくのが難しく、たびたび先生に個別に質問をしたりしていた。最初は質問をすることさえ恥ずかしかったが、B 勇気を出して質問した私を健気だと可愛がってくれる先生のおかげで、自然に放課後は職員室に質問をしに行くことが日常になった。ある日、教室の掃除を終えて普段より少し遅く数学の質問をしに職員室に行ったところ、職員室の中で C 数学の先生と隣の席の歴史の先生が話している声が聞こえた。

　「今日はあの子、どうして来ないの？」「知らないわよ、本当に面倒くさい。数学の質問はもうたくさんよ、ほんとに。」

　私は職員室のドアの前で★頭を下げたまましばらく立っていた。天使のようだった先生の笑顔が頭の中から一瞬で消えた。先生の本心も知らずに毎日通っていた私が情けなくバカみたいだった。私は二度と職員室に行かなかった。

① 希望する

② 失望する

③ もどかしい

④ 焦る

正解 ②

A 私は数学の先生のおかげで数学に興味を持った。

B 放課後、数学の先生によく質問をしていた。

C 数学の先生が筆者である「私」にうんざりしているという会話を耳にすることになった。

→ それで「私」は★のような状況になったので正解は②である。

単語　□존재 存在　□의지하다 頼る　□종종 たびたび
　　　□마치다 終える

3.

　A こんな田舎は嫌いだと言って必死に勉強し、ソウルの大学に入った後、ソウルの会社に就職して一人で*他郷暮らしを始めてからいつのまにか 15 年が経った。20 代半ばまではソウルが最高だと、*私の目に土が入っても故郷に帰らないと誓っていたが、B 会社生活に疲れて家で一人ビールで喉を潤すときにはいつからか「そうそう、田舎には本当に何もなかったけど、あのときもそれなりに良かったな。」と思う日が増えた。人間はもともと、自分の手の中にあるときは大切さがわからないといわれるが、故郷を離れたことでふと感じられる大切さだった。会社と家を無限に行き来する、回し車のような日常は、都市の華やかなネオンサインも、2 号線に乗ったときに見える漢江（ハンガン）や 6 3 ビルディング（ユクサム）のきらめきも色あせさせた。

　「キムチはあるの？　ご飯はちゃんと食べてるの？」

　「キムチはあるよ。送らないで。この前受け取ったものも全部食べ切れてないから。」

　「あれはそんなに量も多くなかったのに、まだ残っているの？　本当にご飯

食べてるの？」

「はぁ…、食べてるってば。お母さん、私、疲れてるんだ。切るね。」

「ジュウォン！」

だんだんと心の中のどこかが空っぽになっていくのが電話から伝わったのか、いつもの安否確認の電話を切って数日が過ぎたとき、両親と両親の近くに住んでいる姉夫婦まで、皆がソウルに遊びに来ると言うではないか。最初は面倒くさいのに団体でなんで来るの、来ないでよと強く言ったが、仕方がないなといつのまにか駅から家まで来る方法を詳しく教えている自分に気づいた。**C** 今まで私が話さなければ何の音も聞こえなかった家から、5、6人の声が途切れることなく聞こえるのでうるさいとも思ったが、その騒音が嫌ではなかった。人が生きるのって、こういうことなんだな。本当に久しぶりに感じた。

「おかずがなくなったら言うのよ。食事は欠かさずにね。」

「私はもう小学生じゃないよ。一人でご飯も食べられないと思っているの？」

「お母さんが話をするときは、ただありがとうって言えばいいのよ。」

「お姉ちゃんは本当に私の味方になってくれないよね…。早く帰ってよ、もう！」

「あの性格は本当に（変わらないね）。もう帰るよ！」、「ジュウォンさん、元気でね。また来るよ！」

「みんな気をつけて帰ってください！ 着いたら電話して！」

ソウル駅で家族を見送り、家に帰ってきた。いつもと変わらない静けさだったが、**C** 2日間騒がしかったので、突然のこの静けさがとても不慣れに感じた。家も空っぽだったが、★私の心の中が空っぽになってしまったようだった。そしてその日、私は決心した。もう故郷に帰ろうと。

*他郷暮らし：故郷ではない他所で暮らすこと

*私の目に土が入っても：「死んでも、決して」という意味の慣用表現

① 悲惨だ

② 寂しい

③ 悔しい

④ 困る

正解 ②

A 「私」は15年間、故郷を離れてソウルで生活した。

B ソウルでの生活に疲れ、故郷の暮らしも悪くはなかったなと感じ始めた。

C 家族が「私」に会いにソウルに遊びに来て、久しぶりににぎやかな時間を過ごした。家族たちが帰った後、静かになった家にいることにぎこちなさを感じた。

→ そのため、筆者は★で家と同様、「心」も空っぽになってしまったようだと述べているので正解は②である。

単語　□홀로 一人で　□타향 異郷　□비다 空く　□안부 安否
　　　□배웅하다 見送る　□낯설다 不慣れだ

4.

A 私は三浪して大学に入ったため、同期の学生たちよりいつも兄（の立場）だったが、家庭の（経済）事情が豊かではなく、アルバイトで生活費に学費まで稼がなければならなかったため、気前よく「今日は兄貴がおごるぞ！」と一度も言えないまま大学生活が終わった。入学するときは3歳差だったが、学費を用意しなければならなかったため、休学と復学を繰り返し、卒業する頃には一緒に授業を受けた学生よりは少なくとも6、7歳上だった。年が上だからといって必ずしもご飯をおごる必要はないが、それでも一度くらいは後輩たちに学食をおごりたい、そんな日があるのではないか。残念ながら大学に通っている間にかっこよくおごることができる日は訪れなかった。むしろアルバイトに苦労していた私を見て、後輩たちが、ご飯をちゃんと食べて働いているのかと、おやつを渡されたりした。

　その中でも B ヨンジンは私によく懐いていて、たまに私よりも兄貴のよ

うに世話をしてくれたのだが、再び修学能力試験の準備をすると休学をし、私はちょうどその時期兵役が始まったので、自然に連絡が途絶えた。今ならネットでいろいろなつながりをすぐ見つけることができるが、私が大学に通っていた時代はポケベルがすべてだった時代なので、一度連絡が途絶えるとなかなか探すのが難しかった。その上、ヨンジンは覚悟を決めて勉強をするんだと、同期生、先輩後輩たちとも連絡を絶って行方をくらましましたので、さらに疎遠になるしかなかった。

　そうして月日が流れ、私は二人の娘の父親になった。週末に友人の集まりに行ってくるという妻を待ち合わせの場所に送ってから、すぐ家に帰ろうとしていたが、外食しようと駄々をこねる娘たちの主張に負けて、結局ある食堂に立ち寄った。すると、どこかで見たことがある顔が「いらっしゃいませ！」と大きな挨拶をするではないか。（それは）ヨンジンだった。私はあまりにもうれしくて、握っていた娘の手も離し、「おい！　ヨンジン！」と叫びながら駆け寄り、ヨンジンも私のことに気づいて「兄さん！」と言いながらぎゅっと抱きしめた。食事を終え、お互いに何年ぶりか、これまでどう過ごしていたかなど、しばらく話していたら、娘たちは退屈さから椅子に座って居眠りしていた。これ以上は長居できないと思い、**C** 会計しようとズボンの後ろポケットに手を入れたが、何もなかった。私は一瞬、★体が凍りついたように一時停止状態になった。ズボンの前ポケットだったか？　食堂の椅子の下に落ちたのか？　車の中にあるのか？　財布のありかを（よく）考えてみると、もともと妻を送ってすぐ家に帰る予定だったため、家から持ってきていなかったことを思い出した。結局、事情を話して家に帰り財布を持ってきた後、食事代に小遣いを少し足してヨンジンの手に握らせてきた。せっかくかっこいい先輩になろうとしたのに、天も無情なものだと思いながら家に帰った。

① 慌てる
② いらいらする
③ 不満げだ
④ 絶望的だ

Ⓐ私は三浪して大学に進学したが、家庭の経済事情がよくなかったため、同期生の年下の子にご飯をおごる余裕がなかった。

Ⓑヨンジンはそんな「私」を助けてくれた後輩だったが、連絡が途絶えた。

Ⓒヨンジンの店で再会した「私」は会計しようとしたが財布が見つからなかった。

→ それで「私」は★にあるようにその瞬間凍りついてしまったということなので正解は①である。

単語　□**형편** 暮らし向き、事情　□**넉넉하다** 豊かだ
　　　□**챙기다** 面倒を見る　□**세월이 흐르다** 月日が流れる

② 下線部の人物の態度を選ぶ［問題50］

[1-4] 下線を引いた部分に表れている筆者の態度として適切なものを選びなさい。

1.

　首都圏の外国人居住者数が史上最高値を記録し、Ⓐ各自治区ではリサイクル品の分別収集・排出に関する案内冊子を多言語に翻訳し、外国籍の住民に配付することにした。世界最高水準のリサイクル率を維持するためには非常に細かい規制が要求されるが、韓国語に慣れていない外国人居住者がそれについて、母語ではない他の言語で（情報の）案内を受けて理解するには多少困難がある。そのため、分離収集案内文を各国語に翻訳し、韓国語の熟達度に関係なく簡単に分離収集に参加できるように促すという趣旨である。Ⓑしかし、各自治区で言語圏別に案内文を外国人居住者に郵送するためには多くの時間と努力が必要である。また、無事にⒸ住民に案内文が届いたとしても、それを見てどれほど積極的に関心を持つのか、実践に移すのかは未知数であるため、★多くの困難が予想される。したがって、当該サービスが行われるまで予算の無駄遣いにならない方策を具体的に模索しなければならないだろう。

① 新たに行われる分離収集案内文の郵送サービスの実効性を憂慮している。

② 実現可能性が低い分離収集案内サービスを中断することを主張している。

③ 多言語の分別収集案内サービスを実現させた自治区の推進力に感心している。

④ リサイクル品の分別収集に対する一部住民の無関心を強く批判している。

正解 ①

A 外国人住民にリサイクルの案内冊子を配付しようとしている。

B しかし、そのために多くの努力が必要である。

C 配付されても住民が関心を持つかどうかはわからない。

→ 筆者は★で案内冊子の配付については多くの困難があると考えている。
したがって正解は①。

単語 □기록하다 記録する　□재활용품 リサイクル品
　　　□분리 수거 分別収集　□안내 案内　□배부하다 配付する
　　　□낭비 浪費、無駄遣い　□방안 方策

2.

　　A 今年、電気自動車に対する補助金の詳細な内容が大幅に改正される予定である。**B** これまで電気自動車を購入するときのみ一部税金が免除されていたが、**C** 今年からは購入後も電気自動車を維持するのに実質的に役立つ特典が多く登場し、★*運転者の負担を大幅に減らすと考えられる。電気自動車の普及に拍車をかけるために打ち出した案を具体的に見てみると、高速道路の通行料金の割引案の改編、個別消費税および取得税の免除、自動車税の減免、公営駐車場の駐車料金の一部免除などがある。一部の時間帯にのみ割引されていた高速道路の通行料をすべての時間帯に拡大し、公営駐車場の利用時には2時間分の料金を減免するということである。また、電気自動車購入のハードルを下げるため、車両購入および維持に必要な税金も非常に破格の減免案が提示されており、電気自動車購入を希望する人々には良い知らせとなる見通しである。

*ここでの意味は「車の保有者」のこと

① 有名無実（名ばかり）の既存の電気自動車補助金の改編（改正）が急がれると主張する。
② 電気自動車の販売台数が増加した場合にのみ、特典が増えることを懸念している。
③ これまで免除されていた税金が再び課税されることに対して強く批判している。
④ 電気自動車の保有者が得られる特典が増えると予測している。

正解 ④

A 電気自動車の補助金の内容が改正される予定である。
B 以前は、一部の税金だけが免除されていた。
C 改正後には電気自動車の購入者の特典がさらに多くなる予定である。
→ 筆者はこれについて★にあるように電気自動車の購入者に役立つと予想している。したがって正解は④。

単語 □개정되다 改正される　□면제 免除　□해당 該当　□유지 維持
　　　□세금 税金

3.

　国内最大規模の A ポータルサイト「イティア」では先月15日から末日まで、すべての記事に実名でのみコメントを書き込むことができるようにした。有名人、一般人を問わず悪質なコメントで被害を受ける事件が後を絶たないため、これに劇薬を処方したわけである。同サイトは昨年から B 芸能関連記事に限ってコメント欄を閉じていたが、悪質なコメントを減らすための根本的な解決策にはならないと判断し、このような決断に至ったと説明している。C 一部では匿名性の保障こそインターネットのメリットなのに、イティアの決定はこれを無視しただけでなくプライバシーの侵害になりうると主張したが、★悪質なコメントが蔓延しているインターネットの世界に警鐘を鳴

らしたという点で意義深い。半月の間コメント実名制を導入した結果、悪質なコメントは 76% 減少し、匿名でコメントを残すときよりはるかに良質の意見が提示されたという評価が主だった。また、イティアのユーザーも再びコメント実名制を実施することに賛成するという意見が 62% で、半数以上が肯定的な評価を下した。

① 実名コメント制度を実施したときに引き起こされるプライバシー侵害を憂慮している。
② 匿名性の保障だけを強要する一部のネチズン（ネット民）を強く批判している。
③ たとえ失敗に終わってしまったとしても、インターネットのコメント文化を改善しようとしたという点を認めている。
④ 悪質なコメントが当然視されるインターネット文化を見直させたことを肯定的に評価している。

正解 ④

A ポータルサイトでコメント実名制を導入した。

B コメント欄を非表示にしたこともあるが、悪質なコメントを減らすための根本的な解決策にはならないと判断した。

C プライバシーの侵害になりかねないという主張もある。

→ しかし、筆者はこれに対して★にあるように悪質なコメントであふれかえっているインターネットの現状について警告できたと高く評価している。したがって正解は④。

単語 □**최대** 最大 □**규모** 規模 □**실명** 実名 □**익명** 匿名
　　　□**보장하다** 保障する □**무시하다** 無視する □**긍정적** 肯定的

4.

　国内旅行ブームが起き、地域特産物の競争が加速化している中、**A** 仁州市では誰にでも身近な果物を高級酒として開発し、大きな注目を集めてい

る。 **B** ブドウの生産量全国１位で有名な仁州市は、これまで低迷していた
ブドウの販売量に頭を悩ませていたが、これを挽回するためにブドウで菓子
やジャムなどの加工商品を生産してきた。しかし、ブドウで作った菓子が消
費者にはあまりなじみがなくて購入につながらず、ジャムはあまりにもあり
ふれているという理由で地域特産物として特色を備えておらず販売が低調
だった。このことを理由に、**C** 仁州市は地域住民であれば誰でも参加でき
る特産物アイデア公募展を開き、新しい商品開発に力を注いできたのだが、
この公募展で選ばれたアイデア商品が、最近全国的に人気を集めているブド
ウ焼酎である。この商品の人気は、地域復興のために市を動かす決定は一部
の官僚が行うという★固定観念を捨て、開かれた政策を試みて引き出した快
挙といえる。仁州市は市民の意見を最大限取りまとめて国内屈指の酒類業者
との協業に至るなど、ブドウ焼酎の開発に拍車をかけ、農家と購入者がとも
に満足できる商品を作り出した。

① 専門家の意見が考慮されていない経済活性化政策を批判している。
② 市民の意見を積極的に受け入れた自治体の判断を高く評価している。
③ 地域密着型経済発展のために自治体や市民団体の協力を提案した。
④ 少数の政策諮問チームを構成して経済を活性化させるべきだと主張して
　いる。

正解②

A 仁州市は高級酒を開発して注目を集めた。

B 仁州市はブドウの生産量に比べて販売が低調だった。

C そこで公募展を開き、ブドウ加工商品のアイデアを開発しようとした。

→ 筆者はこのような仁州市の決断を★にあるように固定観念を破った快
　挙であると肯定的に評価している。したがって正解は②。

単語　□열풍이 불다 ブームだ　□주목을 끌다 注目を集める

　　　□소비자 消費者　□고정관념 固定観念

　　　□박차를 가하다 拍車をかける

解答（配点は各2点）

1	①	2	②	3	③	4	②	5	③	6	④	7	①	8	④	9	③	10	②
11	④	12	④	13	③	14	②	15	①	16	④	17	②	18	②	19	②	20	③
21	③	22	④	23	④	24	④	25	④	26	③	27	②	28	③	29	①	30	③
31	②	32	②	33	②	34	④	35	④	36	②	37	③	38	④	39	④	40	④
41	②	42	③	43	②	44	④	45	①	46	③	47	②	48	①	49	③	50	②

※ [1−2]（　　）に入る最も適切なものを選びなさい。（各2点）

1. 母親が目の前に（　　）赤ちゃんは泣き出した。

① 見えないので　　② 見えなかったり

③ 見えないなら　　④ 見えないように

> 正解 ①
>
> 「母親が目の前に見えない」という内容が、後の「赤ん坊が泣き出した」の〈原因〉と考えられるので、原因を表す -(으)니까 （～だから、～なので）を選ぶのが適切である。

2. 弟は勉強は（　　）運動は得意だ。

① できなくてこそ　　② できなくても

③ できないでいて　　④ できないとか

> 正解 ②
>
> 「弟が勉強はできない」という内容と後の「運動は得意だ」という内容が〈対照〉関係なので -어도 （～ても）を選ぶのが適切である。

※ [3-4] 次の下線を引いた部分と意味が似ているものを選びなさい。
（各2点）

3. 先月は会社で成果を<u>上げようと</u>毎日残業（夜勤）をした。
① 上げるやいなや　　② 上げる一方で
③ 上げるために　　　④ 上げる代わりに

> 正解③
> -고자（〜（し）ようと）は、前の内容が後の行動の〈目的〉であること
> を表す。したがって、-기 위해서（〜（する）ために）を選ぶとよい。

4. 学生たちが<u>よく見えるように</u>黒板に文字を大きく書いた。
① よく見えるのか　　　　② よく見えるように
③ よく見ることができるのに　④ よく見ることができるので

> 正解②
> 下線の-게（〜に、〜く、〜ように）は後に来る行動に対する目的や基準、
> 結果、程度などを表す文法表現である。選択肢の中で最も似ている文法表
> 現は-도록（〜（する）ように）である。

※ [5-8] 次は何に関する文であるのか選びなさい。（各2点）

5.
> **肌に触れた瞬間、感じられるふわふわ感！**
> **速い乾燥と吸収力でシャワー後も快適に**

① 靴　　② 布団　　③ タオル　　④ ベッド

正解 ③

「肌、感じるふわふわ感、乾燥、吸収力、シャワー後も快適」というキーワードから、肌に直接触れ、シャワー後に使うものであることがわかる。

単語　□피부 肌　□느껴지다 感じられる　□건조 乾燥
　　　□쾌적하다 快適だ

6.

> 冬の間着ていたコート、まだそのままですか？
> 私たちに預けて来年もきれいに着てください！

① 病院　　　　　　　　　② 食堂
③ コンビニエンスストア　④ クリーニング店

正解 ④

「コート、預ける、来年もきれいに着る」というキーワードから、冬の間に着ていた服を預けてきれいな状態にしてもらうところだとわかる。

単語　□맡기다 預ける　□깨끗하다 きれいだ

7.

> 元気な山、青い山
> 小さな実践が私たちの山を美しくします。

① 自然保護　② 健康管理
③ 火災予防　④ 天気案内（気象情報）

8.

> 1. 締め切り：2025年4月21日(水)18:00まで
> 2. 提出書類：履歴書、自己紹介書
>   ＊関連書類はEメールでお送りください。

① 利用案内　　② 注意事項　　③ 使用手順　　④ 受付方法

※ [9-12] 次の文章またはグラフの内容と一致するものを選びなさい。
（各2点）

9.

> # 2022大学生創業サークル支援事業
> ・申込対象：C 大学生10名以上のサークル
> ・申込期間：B 2021年12月15日～12月31日
> ・支援金額：A 最大500万ウォン
> ・事業期間：2022年1月1日～6月30日

① サークル活動費は500万ウォン以上もらえない。

② 2022年1月からサークル支援事業に申し込みできる。

③ 選ばれた創業サークルは6カ月間支援を受けることができる。

④ サークル会員が9人で構成されるサークルでも申し込むことができる。

正解 ③

① → **A** から、500万ウォンまでもらえるとわかる。

② → **B** から、2021年12月から申し込みができるとわかる。

④ → **C** から、サークル会員が10人以上でなければ申請できないとわかる。

単語 □창업 創業　□지원 支援　□대상 対象　□최대 最大
　　　□선정되다 選ばれる　□이루어지다 構成される

10.

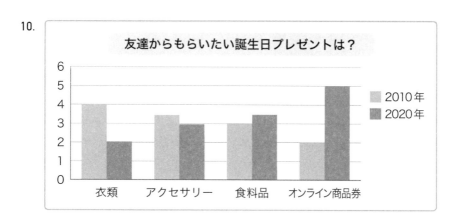

友達からもらいたい誕生日プレゼントは？

衣類　アクセサリー　食料品　オンライン商品券

2010年
2020年

① 衣類をもらいたいと思う人が2010年より増えた。

② 2020年では誕生日プレゼントとして衣類より食料品をもらいたいと
思っている（人が多い）。

③ （グラフの）2つの年のどちらも、誕生日プレゼントにオンライン商
品券をもらいたいという人が最も多い。

④ 2010年では、アクセサリーよりオンライン商品券が誕生日プレゼン
トとして人気が高い。

11.

　コーヒーを摂取する際に注意すべき点がある。B熟睡できない人の場合、午後3時以前にコーヒーの摂取を終わらせたほうがよい。なぜなら、血中の★カフェイン成分が体内から消える時間が8時間ほどかかるからである。Cそのため、午後3時以前にコーヒー摂取を終えれば、夜11時から12時に眠りに入りやすくなる。Aコーヒーのメリットよりデメリットが体により大きな影響を及ぼす場合にはコーヒーを飲まないほうがよい。

① コーヒーのデメリットに関係なく、コーヒーを飲むことは健康に役立つ。
② よく眠れる人の場合、午後3時以前にコーヒーを飲まなければならない。
③ コーヒーを午後3時以降に飲めば、夜11時から12時に眠りに入りやすく
　なる。
④ コーヒー摂取後、8時間後ぐらいにはカフェイン成分が体内から消える。

単語　□섭취 摂取　□주의 注意　□숙면 熟睡
　　　□취하다（睡眠を）とる　□수월하다 容易だ

12.

　Bご飯を食べたのに、そのあとすぐにまた何かが食べたくなるときがある。このような現象はストレスや退屈さと関連がある。A我々はストレスを受けるとストレスが解消されるまで食べ物を探し続ける。退屈だったりつまらなかったりするときも同様にこのような現象が現れる。Cアメリカで500人以上の学生を対象に調べた結果、★退屈さに耐えられない人ほど過食しやすいことがわかった。ご飯を食べたのにお腹が空いたときは、本当にお腹が空いたのか、それともただ何かすることが必要なのかをもう一度考えてみる必要がある。

① 退屈だったりつまらなかったりするときは食欲が出ない。
② ずっとお腹が空く理由はストレスと関係がない。
③ アメリカで、会社員を対象に退屈さと過食の関係を調べた。
④ 退屈さに耐えられない人はご飯をたくさん食べるという研究結果が出た。

正解 ④
① → Aで、食べ物を探すようになると述べられている。
② → Bから、ストレスと関係があるとわかる。
③ → Cから、学生たちを対象に研究したとわかる。
④ → ★正解

単語　□현상 現象　□지루하다 退屈さ　□해소 解消　□관련 関連
　　　□과식 過食

第１回模擬試験（解答・訳）

157

13.

(가) 高麗人参を蒸して乾かす過程を繰り返すと紅参が作られる。

(나) しかし頭痛、めまい、高血圧などの副作用が現れることがある。

(다) 簡単に手にすることができる健康機能食品である紅参は、簡単にいえば高麗人参を蒸したものである。

(라) このような紅参は疲労回復に役立ち、免疫力を高め、老化防止効果もある。

① (가)-(나)-(다)-(라)　　② (가)-(라)-(다)-(나)

③ (다)-(가)-(라)-(나)　　④ (다)-(나)-(가)-(라)

正解 ③

接続語や指示語のない (가) と (다) のどちらかが最初の文になる。(가) は紅参が作られる過程に関する内容であり、(다) は大まかに紅参とは何かを紹介する内容のため、(다) が最初の文で、その後に (가) が続くのが適切だとわかる。(나) は「しかし」で始まり、紅参の副作用が述べられているので、そのすぐ前には、紅参の効果について述べた (라) が来る。よって、正解は③。

単語　□부작용 副作用　□손쉽다 簡単だ　□접하다 接する、手にする
　　　□회복 回復　□면역력 免疫力　□노화 老化　□방지 防止

14.

(가) 外国人に韓国語を教える仕事は本当に幸せな仕事である。

(나) このように幸せを感じるときもあるが、難しくて大変な瞬間もたくさんある。

(다) しかし、大変な瞬間がすぐ忘れられるほど、韓国語を教えるときに大きなやりがいを感じる。

(라) さまざまな国籍の学生たちとコミュニケーションし、韓国の言語、文化を広く知らせることができるためである。

① (가)-(다)-(라)-(나)　② (가)-(나)-(다)-(라)

③ (나)-(가)-(라)-(다)　④ (나)-(다)-(가)-(라)

正解 ②

接続語や指示語のない (가) と (라) のどちらかが最初の文になる。(라) は最後に -기 때문이다 (〜ためだ) とあることから終わりの文として適切な内容のため、(가) が最初の文になる。(나) は 이렇게 (このように) で前の内容に言及しており、その後に 행복 (幸せ) と続くことから (가) の後に続くとわかる。하지만 (しかし) で始まる (다) の後の 힘든 순간 (大変な瞬間) から、この前に (나) が来ると自然な流れとなる。よって、正解は②。

単語　□순간 瞬間　□금세 すぐ　□보람 やりがい
　　　□소통하다 コミュニケーションする

15.

(가) この道路は清渓川区間を一周できるように造成された。

(나) ソウル市は清渓広場から古山子橋を結ぶ「清渓川自転車専用道路」を開通した。

(다) このようにソウル市は自転車道路の開通を通じて炭素排出を減らす方策を推進している。

(라) このため、2030年までに段階的に自転車道路を1330キロまで拡張するという目標だ。

① (나)-(가)-(다)-(라)　② (나)-(라)-(가)-(다)

③ (라)-(나)-(다)-(가)　④ (라)-(가)-(나)-(다)

正解 ①

指示語のない (나) が最初の文になると考えられる。(나) はソウル市の自転車専用道路の開通ニュースを述べている文で次に 이 도로 (この道路)

159

から始まる（가）が来ると、道路に対する追加説明となる。（다）の이처럼（このように）や道路開通を通じて（道路の開通を通じて）という部分から（가）の後に続くと自然な流れとなる。（라）は이를 위해（このため）から始まり、前に〈目的〉となりうる文が先行されなければならないが、（다）がこれに当てはまる。よって、正解は①。

単語　□구간 区間　□조성 造成　□전용 専用　□개통하다 開通する
　　　□배출 排出　□방안 方策　□추진 推進　□단계적 段階的

※［16-18］次を読んで（　　　）に入る内容として最も適切なものを選びなさい。（各2点）

16.

　Ａ最近、プラスチック類の分別収集が一層厳しくなった。特にＢペットボトルは他のプラスチックと一緒に出さず、別に集めて出さなければならず、これを守らなかった場合、罰金刑に処されると見られる。ペットボトルに巻かれているＣビニール包装紙（ラベル）をきちんとはがさずに分別収集すると、結局（　　　）ケースが多かったため、このような対策案が出された。

① 保管が思ったより難しい
② 再度使う量が多すぎる
③ ゴミ収集業者の回収が容易になる
④ リサイクルされる資源として使用できない

正解 ④
Ａプラスチック類の分別収集が厳しくなった。
Ｂ特にペットボトルは別に出さなければ、罰金刑に処されるだろう。
→ なぜなら、ペットボトルのＣビニール包装紙（ラベル）をきちんとはがさずに分別収集すると、結局（リサイクルされる資源として使用できない）ケースが多いからである。

単語 □분리 수거 分別収集 □한층 一層 □엄격하다 厳格だ、厳しい
　　　 □벌금 罰金 □처해지다 処される □포장 包装
　　　 □대책안 対策案

17.

　Ⓐ他の人と話をするとき、思わずうなずいたり、別に意味はないが相手の話を聞いているという意味で「ああ／そうですね／はい／なるほど」のような言葉を言うときがある。言語圏によって、このようなあいづちの間（の取り方）が異なるが、英語圏に比べてⒷ韓国語を使う話者たちは相対的にかかる時間が非常に長いことがわかった。したがって、Ⓒ英語圏の話者と話すときに、韓国人と話すときのようにあいづちの間が長くなると、相手は自分の話を（　　　）疑問に思う可能性もある。

① 聞いて要約できるか
② きちんと聞いているのか
③ 細かく分析しているのか
④ 他の人にちゃんと伝えるか

正解 ②
Ⓐ話をするとき、相手の話を聞いているという意味でさまざまな表現をする。
Ⓑこのようなあいづちの間が韓国人は長いほうである。
→ そのため、Ⓒ英語圏の話者と話すとき、あいづちの間が長くなると（きちんと聞いているのか）疑問に思う可能性もある。

単語 □대화 会話 □상대 相手 □맞장구 あいづち
　　　 □텀 term（間隔、間） □화자 話者 □의문 疑問

18.

Ａ自分のエコバッグをカバンの中に入れて持ち歩く人が増えている。物を購入して受け取るビニール袋の使用を減らすために始まったＣエコバック運動は、最初は一部の主婦たちを（　　　）今では誰もが参加する国民的な運動となった。Ｂ今やエコバックは老若男女を問わず大型スーパーや近所の小売店だけでなく書店や大型ショッピングモールなどさまざまな場所で使われている。

① 対象に実験したが
② 重点に広がったが
③ 引きつけるために設けられたが
④ 除いて多数が一緒に参加したが

正解 ②

Ａ自分のエコバッグを使う人が増えた。

Ｂ今ではエコバックは老若男女を問わず、さまざまな場所で使われている。

→ このようにエコバック運動は、最初は一部の主婦たちを（重点に広がったが）今では誰もが参加する国民的な運動となった。

単語　□일부 一部　□참여하다 参加する　□남녀소도 老若男女
　　　□가리다 選ぶ、問う

※ [19－20] 次を読んで問題に答えなさい。（各2点）

Ａ栄養価の高いウニはさまざまな名前で呼ばれている。まずＣ栗のようにとげに覆われているのが特徴であるため、Ｂ純粋な韓国語では「栗房貝」と呼ばれる。（　　　）★ウニは鉄分とカリウムが多いのでＤ貧血や高血圧予防に効果があり、Ｅオメガ3脂肪酸が豊富で心血管疾患の予防にも役立つため「海のホルモン」という別名もできた。

19. （　　）に入る適切なものを選びなさい。

① もし　　② また　　③ 果たして　　④ やはり

20. 上の文章の内容と一致するものを選びなさい。

① ウニはとげのない滑らかな形である。

② 貧血のある人はウニを食べてはいけない。

③ ウニは鉄分とカリウムが豊富な滋養に富んだ食材である。

④ ウニはオメガ3脂肪酸が多いので、心血管疾患が生じることがある。

※ [21-22] 次を読んで問題に答えなさい。（各2点）

　成功した畜産家と評価されているイ代表は、慶尚北道軍威^{キョンサンブクド グンウィ}で10頭にも満たないの牛を飼育し始め、いつのまにか400頭規模の農場を築き上げた。彼がこのように安定的な成長を成し遂げることができた秘訣は牛に対する細

心の観察である。そして、A農場の規模を拡大しながら、牛を管理することに対して集中を失わない（気を緩めない）ために妻と息子、★イ代表が各々分業と協力を通じて一緒に運営している。B家族が各自の役割を有機的に引き受け（　　　）、農場が拡大したにもかかわらず比較的早く安定することができた。

21. （　　　）に入る適切なものを選びなさい。
① 手が大きいので
② 足が広いので
③ 手足を合わせたので
④ 耳をすましたので

正解 ③
空欄の前はAとBにあるように、家族みんなで一緒に運営しているという内容が述べられている。空欄の後は、その結果、農場が安定を取り戻すことができたということが述べられている。したがって、「共に何かをする際に気持ちや行動を合わせる」という意味の③が適切。
①の 손이 크다 は「気前が良い、たくさん使う（作る）」、②の 발이 넓다 は「顔が広い、知り合いが多い」、④の 귀를 기울이다 は「耳を傾ける、注意深く聞く」という意味。

22. 上の文章の中心となる考えを選びなさい。
① 成功のためには特別な秘訣が必要である。
② 家族の助けよりも個人の努力がより重要である。
③ 成長のためには事業の規模を拡大しなければならない。
④ 成功するためには、個人の多くの努力と周囲の協力が必要である。

正解 ④

成功した畜産家についての文章である。文章の中心となる考えは後半部で述べられる場合が多い。★で「イ代表も努力したが、家族が各自の役割を有機的に引き受け協力したため、農場が拡大したにもかかわらず安定することができた」という内容を別の言葉で表現している④が正解。

単語 □축산인 畜産家 □평가받다 評価される □일구다 築き上げる
　　　□안정적 安定的 □확대하다 拡大する □분업 分業
　　　□협력 協力 □유기적 有機的

※ [23-24] 次の文章を読んで問題に答えなさい。（各2点）

D建築事務所に勤めてからもう7年が経った。E会社に入ってから2年ぐらい経った頃だろうか。そのときしでかした私の失敗談は、会社内で一種の伝説のように今もなお語られている。ある自治区で、住民のための多目的スペースを作ろうとし、コンテストを開いてその建物のデザインと周辺の造園を担当する業者を選定する予定だった。A★私たちのチームは数カ月間徹夜でポートフォリオを準備し、私はチーム員たちの成果をコンテストの受付窓口まで持っていく重大な任務を引き受けた。

久しぶりにKTXに乗ったので気分も良く、出張というよりはリフレッシュしに出かけたような清々しさまでも感じられた。（何もせず）ただ通り過ぎるのはもったいないので、受付窓口のある地域で有名なカフェに立ち寄りコーヒーも買った。B浮かれた気持ちで鼻歌を歌いながら片手にはコーヒーを持ってコンテストの受付窓口に入ろうとしたところで、大きな箱を運んでいた人々とぶつかって大切なポートフォリオ資料と受付申込書、そして私のコーヒーが一緒に床に投げ出された。（ふと）我に返ると、コーヒーで茶色くなった書類が目に入った。私は心臓が崩れ落ちるような寒気と同時に言葉を失った。何もできなかった。セメントの床で転んだので肘をすりむいて血が出ていたが、痛みを感じるのは贅沢だった。C私はこれからどうすればよいだろうか。数カ月間徹夜で働いてきた同僚たちに何と言えばいいのだろ

うか。このまま辞表を出さなければならないのだろうか。私はそのまま座り込んで立ち上がれなかった。

23. 下線を引いた部分に表れている「私」の心情として適切なものを選びなさい。

① 不満だ　　② がっかりだ　　③ いらいらする　　④ 絶望的だ

正解 ④

Ａ仲間たちと一生懸命準備したコンテストのポートフォリオを受付窓口まで持っていくことになった。

Ｂコンテストの受付窓口で人とぶつかり、持っていたコーヒーが書類にこぼれてしまった。

→ それで、「私」はＣ同僚と一所懸命に準備したポートフォリオがダメになり、座り込んだまま立ち上がることができなかったとあるので正解は④。

24. 上の文章の内容と一致するものを選びなさい。

① この人物は会社に勤めて2年ほど経った。

② この人物は失敗をよくするので、会社で伝説になった。

③ この人物はポートフォリオを作るためにKTXに乗って出張に行った。

④ 会社の同僚たちと一緒にポートフォリオを作るために数カ月間苦労した。

正解 ④

① → Ｄから、この人物は会社に勤めて7年になったとわかる。

② → Ｅから、会社に入って2年目のときに大きな失敗をしたとわかる。

③ → Ａから、ポートフォリオは同僚たちと作っていることがわかる。

④ → ★正解

単語 □건축 建築 □근무하다 勤務する □공간 空間、スペース
□조성하다 造成する、作る □담당하다 担当する、引き受ける
□결실 結実、成果 □부딪치다 ぶつかる

※ [25-27] 次の新聞記事の見出しを最もよく説明しているものを選びなさい。
（各2点）

25. 形の悪い野菜でも大丈夫、訳あり商品の値下げ販売で購入上昇度も「グンとアップ」

① 訳あり野菜の販売を規制して正常な商品の販売が増えた。
② 問題のない野菜と訳あり野菜を一緒に販売した結果、販売が大幅に増えた。
③ 見た目の悪い野菜の購入を希望する人々に大量に販売した。
④ 見た目の悪い野菜の価格を大幅に下げて販売した結果、購入者が大幅に増えた。

正解 ④

購入上昇度「グンとアップ」というのは購入が増えたという意味なので、訳あり野菜を安い値段で売った結果、購入者が多くなったと解釈される。したがって、正解は④。

単語 □하자 (物品の) きず、欠点 □인하 引き下げ □구매 購入
□상승 上昇

26. 例年より長くなった秋晴れ、笑みを浮かべる旅行業界

① 秋晴れの天気が続き、憂うつ感が解消された人が増えた。
② 猛暑が平年より長くなり、秋の旅行をあきらめる人が多くなった。
③ 一般的な平均の秋の天気より晴れた日が続き、旅行業界が好況を迎えた。
④ 来年の秋の天気はとても良いと予想され、あらかじめ旅行計画を立てる人が増えた。

27. | 最後まで薬物投与を否認、沈黙を破った五輪の金メダリストに冷たい視線

① 適切でない薬を患者に服用させた医療関係者が批判を受けた。

② 最後まで薬を飲まなかったと主張した運動選手に否定的な世論が残った。

③ 金メダリストの蔓延した薬物投与にオリンピック開催に反対する動きが起きた。

④ オリンピック委員会は、適切でない薬を選手たちに許可しなかったと強く主張した。

※ [28-31] 次を読んで（　　）に入る内容として最も適切なものを選びなさい。（各2点）

28.

　やるべきことをずっと先延ばしにして、締め切りが目の前に迫ってようやく **C**仕事を一気にまとめて行う人たちは怠けているのではなく（　　）場合が多い。そのため、**B**生半可な結果が出るくらいなら、仕事をせずに準備ができるまで先延ばしにするのである。このような不安感を訴える人々は、10分単位、30分単位に短く切って、完成度は気にせずにひとまず仕事を始めてみるという練習を繰り返すことが重要である。**A**（必ず）良い結果につながらなくても、仕事をしているということに意義を認めるトレーニングをすることで、完成度への執着を手放すことができる。

① 他人の指示を嫌う
② 自分に対する自信感が足りない
③ すべての仕事が完璧であることを目指している
④ 生まれつきのすべてのことに無関心な

正解 ③

A結果が良くなくても、過程に意義を認めるトレーニングをすれば、完成度への執着を手放すことができる。

B生半可な結果を出したくないため、完璧に準備できるまで仕事を先延ばしにするのである。

→ **C**仕事を一気にまとめて行う人たちは怠けているのではなく（すべての仕事が完璧であることを目指している）場合が多い。

単語　□미루다 先延ばしにする　□마감 締め切り
　　　□게으르다 怠けている　□어설프다 生半可だ　□불안 不安
　　　□호소하다 訴える　□완성 完成
　　　□훈련하다 訓練する、トレーニングする

第1回模擬試験（解答・訳）

29.

　　Ｃ国立言語使用研究所では無分別な外来語の使用を控えるため、韓国語に変えられる表現を探し、新しい言葉を作って（　　　）力を注いでいる。Ｂこのような韓国語純化運動の最も成功した事例の一つが「댓글（リプ）」である。「댓글」は英語「리플（reply）」を韓国語に変えたもので、最近は 리플より多く使われており、대댓글（リプへの返信コメント）、비밀 댓글（非公開リプ）、댓글 보기（コメント閲覧）のように、さまざまに応用され、Ｂ完全に日常言語として定着している。数多くの外来語の純化を試みることで失敗する場合もあれば、成功する場合もあるが、Ａ国立言語使用研究所は美しい韓国語の守護者としての役割を誠実に果たしている。

① これを普及するのに
② 昔の言葉をなくすのに
③ 国語辞典に載せようと
④ 国外に広く知らせようと

正解 ①

Ａ国立言語使用研究所は韓国語を守るために努力している。
Ｂ韓国語純化運動で最も成功した例は「댓글」であり、完全に日常言語として位置づけられている。
→ Ｃ国立言語使用研究所は外来語の中から韓国語に変えられる表現を探し、新しい言葉を作り（これを普及するのに）力を注いでいる。

単語　□무분별하다 無分別だ　□외래어 外来語　□지양하다 控える
　　　□다듬다 整える、きれいにする　□사례 事例　□몫 役割
　　　□성실하다 誠実だ

30.

　　Ａマグネシウムを 2 週間以上服用すると、憂うつ感が減少することがわかった。最近の研究によると、20 歳以上 60 歳以下の成人 200 人を対象に調査した結果、一日の適正服用量に合わせてマグネシウムをきちんと飲んでい

たグループとそうでないグループ間の憂うつ感の差が大きく異なることがわかった。これは C マグネシウムがうつ病と関連のある（　　　）現れる効果と見られる。 B マグネシウムを服用したグループの60%は、体内で心身の安定に否定的な影響を及ぼす要素が減り、憂うつ感だけでなく不安、ストレスなどが改善されたと述べた。

① 細胞を研究することで
② 抗体を検査することで
③ ホルモンを減少させることで
④ ストレスを増幅させることで

正解 ③

A マグネシウムを2週間以上服用すると、憂うつ感が減ることがわかった。
B マグネシウムを服用した人たちは心身の安定に否定的な影響を及ぼす要素が減り、憂うつ感、不安感、ストレスが改善されたと述べた。
= C マグネシウムがうつ病と関連のある（ホルモンを減少させることで）
　　現れる効果と考えられる。

単語　□복용하다 服用する　□감소하다 減少する　□나타나다 現れる
　　　□연구 研究　□이상 以上　□이하 以下　□대상 対象
　　　□정신 精神　□요소 要素　□개선되다 改善される

31.
　A 誰もが保存用のチャック付きビニール袋に入れておいた野菜がチャック付きビニール袋の中に溜まった湿気によって早く傷んでしまい、捨てなければならなかった経験があるだろう。 B これを防ぐため、農家でブドウを包装する用途として使われている別名「ぶどう袋」をチャック付きビニール袋の代わりに野菜保存容器として使う人が増えている。このぶどう袋は片面が*韓紙で、もう片面はビニールでできており、 C このビニールには（　　）湿気がこもることを防ぎ、通気性が良くて野菜が傷みにくいという。

*韓紙：コウゾの皮などから作った韓国固有の紙。

① 断熱効果があって
② 細かい穴があって
③ 野菜に良い栄養素があって
④ 害虫を防ぐ薬が付いていて

正解 ②

A チャック付きビニール袋の中の湿気によって野菜が傷んでしまい、捨てることが多い。

B これを防ぐために、チャック付きビニール袋の代わりにブドウの包装用の袋を使う人が増えている。

→ **C** このビニールには（細かい穴があって）湿気を防ぎ、通気性が良いので野菜が傷みにくい。

単語　□보관 保存　□고이다 溜まる　□습기 湿気　□상하다 痛む
　　　□막다 防ぐ

※［32-34］次を読んで内容が一致するものを選びなさい。（各2点）

32.
　*茶山チョン・ヤギョンは農村社会の矛盾に関心を持ち、**C** 政治改革と社会改革について体系的に研究した朝鮮後期の実学者である。『経世遺表』、『牧民心書』などを通じて実現可能で具体的な方策を提示し、★さまざまな分野で頭角を現した天才的な学者である。**B** 政治、社会だけでなく自然科学にも関心を寄せ、はしかと天然痘の治療法に関する本を出したりもした。また、**A** 度量衡と貨幣の統一を提案し、建築技術である*挙重機を考案したりもした。

*茶山チョン・ヤギョン：朝鮮時代後期の学者。茶山は号。
*挙重機：昔の重い物を運ぶ機械

① チョン・ヤギョンは度量衡と貨幣の統一に反対した。

② チョン・ヤギョンは政治、社会改革だけに関心を持った実学者である。

③ チョン・ヤギョンはさまざまな分野の研究活動を通じて成果を上げた。

④ 『経世遺表』、『牧民心書』に農業技術が具体的に提示されている。

正解 ③

① → **A** から、度量衡と貨幣の統一を提案したとわかる。

② → **B** で、自然科学にも関心を寄せたと述べられている。

③ → ★正解

④ → **C** から、政治改革と社会改革について記述したとわかる。

単語　□모순　矛盾　□개혁　改革　□실현　実現　□구체적　具体的
　　　□두각　頭角　□통일　統一　□제안하다　提案する

33.

A 退職金の支給はアルバイトや非正規雇用に関係なくすべての事業所が該当する。**B** また、5人未満の事業所も支給することが原則である。勤続期間においては、無条件で1年以上、週15時間以上勤務した労働者だけが退職金の申請が可能である。**C** そして非正規雇用だったが後に正規雇用に切り替えられてもすべての日が勤労日となる。支給期限は退職した日から2週間以内に支給することが原則である。★ただし、事業主と労働者間の合意で延長することができる。

① 退職金は正規雇用で勤務した人だけが受け取ることができる。

② 4人が勤務している事業所は退職金を支給しなくてもよい。

③ 最初から正規雇用で勤務していた労働者のみ退職金を受け取ることができる。

④ 事業主と労働者が互いに合意すれば退職金を2週間後に支給してもよい。

正解 ④

① → **A** から、非正規雇用でも受け取ることができるとわかる。

② → **B** から、5人未満の事業所も支給しなければならないとわかる。

③ → **C** で、後に正規雇用に切り替えられた人も受け取ることができるとわかる。

④ → ★正解

単語 □**퇴직금** 退職金 □**지급** 支給 □**해당하다** 該当する
□**근속** 勤続 □**근로자** 労働者 □**전환되다** 転換される、
切り替えられる □**퇴사하다** 退社する □**합의** 合意

34.

十長生（じっちょうせい）は太陽、山、水、石、松、月または雲、亀、鶴、鹿、不老草のことをいい、**A** これらに竹を含む場合もある。これらは老いることなく長生きする不老長寿を意味する事物で、神仙思想に由来している。**C** 10個の事物は地域、人、分類基準によっていくつかが除外されたり追加されたりする。★人々は昔から十長生を眺めたり作品に描いたり彫ったりしながら長寿を願った。屏風にも山水画とともに主な題材として広く用いられ、**B** 寺院の塀や内部の壁面にもよく見られる。

① 十長生に竹が必ず含まれていなければならない。

② 寺院では十長生を題材にした絵はなかなか見られない。

③ 人々は十長生を見て長生きすることを願っていた。

④ 十長生はどの地域でも同じ10個の事物のことをいう。

正解 ③

① → **A** から、竹は含まれない場合もあるとわかる。

② → **B** から、寺院の塀でよくみられることがわかる。

③ → ★正解

④ → **C** から、いくつかが除外されたり、追加されたりすることがわかる。

単語	□包含 含み　□事物 事物　□由来되다 由来する　□除外 除外

単語　□包含 含み　□事物 事物　□由来되다 由来する　□제외 除外
　　　□장생 長生き、長寿　□소망하다 望む、願う　□소재 素材、題材

※［35-38］次の文章の主題として最も適切なものを選びなさい。（各2点）

35.

　最近、フォルダフォン（ガラケー）の開通（利用契約）を希望する人が再び増えている。Ａスマートフォンの発達と同時にさまざまなSNSが登場し、コミュニケーションの円滑さは便利さをもたらしたが、時として公私の区別を妨げる最も大きな原因となっている。そこで、社内メッセンジャーを除いてＢ業務連絡は携帯メールまたは電話だけで受け取ることを希望し、業務用フォルダフォンを開通しようとする人が増えている。コミュニケーションの円滑さが何より重要な時代に生きているが、Ｃ時と場所を問わず殺到する連絡は個人のエネルギーを奪い取っている。★アナログの復活は単にフォルダフォンの再人気にとどまらず、適度な相互の距離感を無視する人々に警鐘を鳴らす一つの合図と考えられる。

① 過度のスマートフォン使用によるストレスを発散しなければならない。
② 勤務時間外の業務指示に対する強力な規制が行われなければならない。
③ フォルダフォンの人気を通じて、スマートフォンの限界を認知し、発展させなければならない。
④ 公私を分ける社会的距離感についての重要性を見逃してはならない。

正解 ④
主題文が後半部に現れている文章である。Ａでスマートフォンの発達による便利さから起きている問題について述べた後、ＢやＣで、その問題の対策のためにフォルダフォンを選ぶようになった人々の理由が述べられている。★でこのような現象が起きていることに対する見解を示しており、相互の距離感を保つことの重要性について述べているので正解は④。

175

単語　□개통하다 開通する　□동시 同時
　　　□소통 疎通、コミュニケーション　□원활하다 円滑だ
　　　□무시하다 無視する　□신호 信号、合図

36.

　🅰公開採用の減少と常時採用の増加により、就職求人市場で常に「乙（弱者）」にならざるを得ない就活生たちがより大きな苦痛を抱え込むことになった。経済の低迷によって莫大な費用を支払って公開採用を実施する代わりに、その都度必要な人材だけを採用しようとする企業が増えている。したがって、🅱今年の就職求人市場ではスペックづくり（業績を上げること）だけに熱を上げるのではなく、質の高い情報力を備えてこそ勝算があると考えられる。★今後、就活生は普段から就職を希望する業種の求人情報に常時関心を持ち、たとえ関心分野でなくても、類似職種の採用（状況の）現状も注視しなければならないという二重苦を乗り越える必要があると思われる。

① 経済の低迷を克服するため、常時採用を積極的に活用しなければならない。
② 公開採用をもう一度復活させ、就活生の負担を減らさなければならない。
③ 採用形態の転換によって、就活生はスペックづくりにさらに打ち込まなければならない。
④ 常時採用の特性に合わせて現在行われている採用情報に関心を持たなければならない。

正解 ④
主題文が後半部に現れている文章である。🅰で新卒学生を採用する公開採用が減り、必要な人材を随時採用する常時採用が増えている就活の現状について触れている。また、🅱では就職求人市場で取るべき新しい戦略を提示している。★で変化した就職求人市場で取るべき就活生の態度について改めて述べているので正解は④。③は🅱でスペックづくりだけでなく高い情報力も必要になると述べているため誤答。

単語　□採用 採用　□沈滞 低迷　□莫大だ 莫大だ
　　　□支払う 支払う　□就業 就職　□現況 現状
　　　□展望 展望、見通し

37.

　Ａネットショッピングモールの誇大広告に対する規制が強化される予定である。特にＢダイエットやむくみ減少の効果に関する虚偽および誇大広告をするネットショッピングモールの問題が浮上し、これに対する対応策が講じられるものと見られる。最近SNSを中心に*広告法に違反する虚偽広告を継続的に掲載し、ダイエット食品を宣伝して莫大な収益を上げるだけでなく、購入者の副作用に対しても知らないふりをして販売を続ける業者が急増し、社会的な問題となっている。★したがって、食品に対する広告を非常に厳しく規制することで、専門性が欠如した販売者に消費者がだまされないよう法的規則の作成にさらに努めなければならない。

*広告法：広告の不当な表示に関する法律

① 過度なダイエットをあおる広告業界を糾弾する必要がある。
② ダイエット食品に対する副作用を見過ごすことがあってはならない。
③ インターネット上の虚偽広告や誇大広告に対する規制が急がれる。
④ オンラインショッピングモールの虚偽広告に消費者が敏感に反応しなければならない。

正解 ③
　主題文が後半部に現れている文章である。Ａでネットショッピングモールの誇大広告に対する規制が強化される予定だと述べ、Ｂで規制が強化される理由について説明している。★で食品に対する広告は今後より一層厳しく規制していかなければならないと述べているので正解は③。

38.

アナログは果たして古くて役に立たないものであるのか。最近、小学校では数字で表示される電子時計でなければ時計の時針、分針、秒針が読めない生徒が増えているそうだ。一部では時代の流れという意見もあるが、このままで大丈夫なのかと憂慮する立場も見られる。Ａスマートフォンが指示してくれないと道に迷う大人たち、数字表示でなければ何時何分かもわからない子供たち。★いくら文明の利器を享受する現代社会とはいえ、機械の助けにすべてを依存することはできない。Ｂ機械がなくても従来の方式で多くの問題を解決できるという重要な事実が次第に忘れられつつある。

① 大人、子供を問わず、スマートフォンへの依存度が日々高まっている。
② 電子時計が読めない子供たちのための適切な教育が実施されなければならない。
③ 現代社会で新しい能力として急浮上しているのは機械操作の熟達度である。
④ 機械だけに依存して基本的な問題さえ一人で解決できない生活は避けなければならない。

正解 ④
主題文が後半部に現れている文章である。Ａで電子機器なしでは生活できない人々の具体例を挙げており、Ｂではこのような状況に対して問題提起をしている。★でＢと同様に、機械だけにすべてを依存することはできないと強調しているので、正解は④。①はスマートフォンに限定されているため誤答。

単語 □낡다 古い □쓸모없다 役に立たない □시대 時代
　　 □흐름 流れ □우려하다 憂慮する □누리다 享受する

※ [39〜41] 次の文章で〈例〉の文が入るのに最も適切な箇所を選びなさい。
（各2点）

39.

　オンドルは、熱気によって部屋の床に敷かれている石板を温めて暖房する方式をいう。（　㋑　）西洋では火のそばを使って（暖を取り）、最も熱い火の上部の熱気は煙突から外に出す。（　㋴　）このような西洋式の暖房方式は熱気の側面の部分だけを利用するため、非効率的だ。（　㋳　）一方で、韓国では煙と火を分け、部屋に煙を発生させないように、火を横向きにして用いるため、西洋の暖炉のように火を上向きに用いない。（　㋘　）韓国のオンドル文化は固有性と科学性、文化的価値が認められ、2018年5月に国家無形文化財に指定された。

|例|

　このように韓国のオンドルは効率的な暖房方式である。

---

① ㋑　　② ㋴　　③ ㋳　　④ ㋘

正解 ④

〈例〉の文が接続語の 이처럼（このように）で始まることから、この前には韓国の効率的な暖房方式を具体的に説明する内容が来ることがわかる。
（　㋘　）の前で、西洋の暖房方式と韓国の暖房方式を比較し、具体的に説明している内容があるので、正解は④。

単語　□온돌 オンドル　□열기 熱気　□덥히다 温める
　　　□난방하다 暖房する　□비효율적 非効率的
　　　□발생시키다 発生させる　□고유성 固有性
　　　□지정되다 指定される

40.

　地球温暖化は地球の表面の平均気温が上昇する現象である。（　㋑　）この100年間、それまで適切に維持されてきた地球の気温が急激に上昇している。（　㋺　）産業が発展するにつれ、石油、石炭のような化石燃料の使用量が大幅に増えて温室効果ガスの排出が増加した。（　㋩　）さらに農業生産量を増やすため、森が破壊されたことで温室効果が強まっている。（　㋥　）国際社会は地球温暖化による気候変動に対応するため、「京都議定書」等を採択した。

---例---

　このような地球温暖化の原因は温室効果ガスの排出増加にあるという意見が最も多い。

① ㋑　　② ㋺　　③ ㋩　　④ ㋥

正解②
〈例〉の文が이러한（このような）＋「地球温暖化の原因は」で始まるため、この前には「地球温暖化」が生じたという内容が来るのが自然である。（　㋺　）の前に地球の気温が急激に上昇しているという内容があり、後には「温室効果ガス」の増加の原因について述べられているので、（　㋺　）に入るのが適切である。

単語　□온난화 温暖化　□유지되다 維持される　□상승하다 上昇する
　　　□기체 気体　□배출 排出　□파괴되다 破壊される
　　　□강화되다 強化される　□대응하다 対応する

41.

　小説家のイ・ジョンウォンは今回、5冊目の小説集『夢見る時間』を出版した。（　㋑　）特別なことのない職業と平凡な名前を持っていたが、ある日、特別な日常を生きていくようになった青年たちの物語である。（　㋺　）奇抜な想像力と温かい物語で読者に愛されてきた小説家のイ・ジョンウォンは、

今回の作品も出版前から多くの期待を集めていた。（　ⓒ　）最近、イ作家
は文学性と多様性、斬新さで「今年の若い作家」に選ばれることもあった。
（　ⓓ　）

例

青年たちの日常は5編の短編にそれぞれ盛り込まれている。

① ⓐ　　② ⓑ　　③ ⓒ　　④ ⓓ

正解②

〈例〉の文は5編の短編小説に青年たちの日常がそれぞれ盛り込まれてい
ることを具体的に説明しており、「青年たちの日常は」という部分から、
これより前に「青年たちの日常」に関する内容があることがわかる。
（　ⓑ　）の前で、「青年たちの物語」というこの小説集の大きなテーマに
ついて述べられているので（　ⓑ　）に入るのが適切である。

単語　□펴내다 出版する　□평범하다 平凡だ　□기발하다 奇抜だ
　　　□상상력 想像力　□출간 出版　□참신성 斬新さ
　　　□선정되다 選定される　□단편 短編

※［42~43］次の文章を読んで問題に答えなさい。（各2点）

Ｅ 一人では立ち上がることも座ることも、ご飯を食べることもできなかっ
た赤ちゃんが一人前の大人になるまで可愛がって大事に育ててくれた両親。
もう大人になったからと、自分が優れていて自分の力で育ったと思い込んで
いる愚かな子だが、Ａ★ 40歳になった体でも一人しかいない娘だと両親は
まだ私を6歳の子供に接するように心配するときがある。どこか痛いところ
はないのか、子供の面倒ばかりせずに、自分もご飯をちゃんと食べなさいと。
いつも自分の子のことばかり心配している。

　ある日、二人から、みんなが使っているスマートフォンというものを自分
たちも一度使ってみたいと言われ、一緒に開通（契約）しに行ってくれな

いかとお願いをしてきた。息子を学校に行かせた後、両親と一緒に昼食も食べ、携帯電話も買おうと市内に出かけた。両親はおもちゃを初めて見る子供のようにスマートフォンをあれこれと不思議そうに見つめたり、これでビデオ通話やら何やら全部できるのかと言い、ものすごく不思議だね、世の中も良くなったね、などと話をした末に、結局一番安いものを手に取った。どうせ買うならもっと良いものを買ったらと言ってもこれで十分だと言い、後で B メッセージの送り方も教えてもらえないかと言ってきたので、内心ちょっと面倒だったが、今日は親孝行の日だと思って3人で一緒にカフェに行き一生懸命教えた。

　30分くらい経った頃だろうか。私の声はだんだん高くなっていた。

　「お母さん、お父さんよく見てよ。違うって。よく見ててば。そのボタンじゃなくて！」

　「これ…、これかな？」

　「あなた、話しかけないで。私もわからないんだから。」

　C 「はぁ、私もこれ以上は無理。今日はここまでにして、来週もう一度やろうよ！」

　「そうだね、今日は苦労させたね」

　無意識のうちにひどく腹を立て、カフェを出た。両親はそのまま実家に帰り、私も子供たちの下校時間になったので、急いで家に帰った。F 夕食を終えて朝干しておいた洗濯物をたたんだら、いつのまにか時計は夜10時を指していた。そのとき、携帯電話の通知音とともにメッセージが一通届いた。

　教えてくれてありがとう　－お母さん、お父さんより－

　メッセージを読むと、とめどなく涙が出てきた。D この愚かな娘に何がありがたいのか。「これからはもっと優しくするね。愛しています。お母さん、お父さん」と返事を返した。

42. 下線を引いた部分に表れている「私」の心情として適切なものを選びなさい。

① 退屈だ　　② 切迫する　　③ 申し訳ない　　④ 愛らしい

正解 ③

A 「私」の両親は40歳になった娘の「私」をまだ幼い子供のように心配するほど大事にしている。

B 「私」は両親に頼まれて一緒にスマートフォンを買いに行き、メッセージの送り方も教えることになった。

C 「私」は両親にメッセージの送り方を教えながらイライラしてしまい、家に帰ってきた後、後悔した。

→ 「私」はイライラしてしまった自分に感謝のメッセージを送ってきた両親に対する申し訳ない気持ちから、 D のように返事を送っている。したがって、正解は③。

43. 上の文章の内容と一致するものを選びなさい。

① この人物は今も一人で歩くのが難しいので両親に助けてもらっている。

② この人物は成人になったが、両親がまだあれこれと心配をしている。

③ この人物の両親は文化センターに行ってスマートフォン教育を受けてきた。

④ この人物は両親からメッセージを待っていたが、あまりにも遅く返事が来たので心配した。

正解 ②

① → E から、赤ちゃんの頃のことで、大人になってからのことではないとわかる。

② → ★正解

③ → B から、「私」がカフェで両親にメッセージの送り方を教えてあげたとわかる。

④ → F から、「私」は両親からのメッセージを待っていたわけではないとわかる。

単語 □개통하다 開通する　□신기하다 不思議だ　□효도 親孝行
　　　□귀찮다 面倒くさい

※ [44-45] 次を読んで問題に答えなさい。（各2点）

　Ａパソコン、スマートフォン、タブレットの普及とともに目の健康に関心を持つ人が幾何級数的に増えている。画面の前に目が長時間さらされ、若年層であるにもかかわらず、白内障が速いスピードで進行したり、ドライアイを訴えるなど、さまざまな症状に苦しむ人が急増している。

　Ｂ最近の研究から、キュウリはビタミンKの摂取および体内の水分増加に寄与するだけでなく、目の健康を守るのに大きく役立つことがわかった。よく目の健康を助けるにはルテイン、ゼアキサンチン、抗酸化剤などの成分が作用する。ルテインとゼアキサンチンは目が本来の機能をするために必要な成分にしてカロテノイドであり、このような栄養素を適切に摂取することが健康な目を守る最も早くて安全な方法である。キュウリはこの二つのカロテノイドを一日摂取量の10%ほど含有しており、これらの成分は年齢によって発生する*黄斑変性の危険性を下げるのにも非常に効果的である。

　また、Ｃ老化細胞から神経細胞を保護し、強力な抗酸化剤にして炎症の減少に優れているフィセチンという成分がキュウリに大量に含まれており、老化にともなう目の健康の（　　）効能がある。したがって、★目の健康が心配であるのなら、一日の適正摂取量を守ってキュウリを摂取することで目の健康を守ることができる。しかし、何よりも目の健康を害する生活習慣の改善に気を遣い、キュウリも摂取しながら相乗効果を期待することが望ましい。

*黄斑変性（おうはんへんせい）：加齢黄斑変性。加齢により網膜の中心に黄斑が生じて視力の低下を引き起こす病気のこと。

44. 上の文章の主題として適切なものを選びなさい。
① スマートフォン、タブレット、パソコン使用による副作用を告知しなければならない。
② ビタミンKの摂取による目の健康の肯定的な効果についての研究が拡大した。
③ キュウリを大量に摂取して、薬品に頼らずに目の健康を守らなければならない。

④ 適量のキュウリの摂取とともに生活習慣を改善することで健康な目を持つことができる。

正解 ④

눈 건강（目の健康）という言葉が文章の中で繰り返し登場している。**B**でキュウリに含まれている成分が目の健康に良い影響を及ぼすと述べており、文章の終わりにある★の部分で、キュウリの摂取とともに生活習慣を改善することが重要だと述べているので正解は④。

45.（　　　）に入る内容として最も適切なものを選びなさい。

① 悪化を防ぐのにも
② 限界点を把握する
③ 体系が構成できる
④ 抗体が形成できる

正解 ①

Aさまざまな電子機器の普及により、目の健康に関心を持つ人が増えた。
B最近の研究で、キュウリに含まれる成分が目の健康を守るのに効果的であることが明らかになった。
→ また、**C**強力な抗酸化剤であり、炎症の減少に優れたフィセチンという成分がキュウリに大量に含まれていて、老化にともなう目の健康の（悪化を防ぐのにも）効能がある。

単語　□장시간 長時間　□늘다 増える　□고통받다 苦しむ
　　　□급증하다 急増する　□최근 最近　□연구 研究
　　　□기여하다 寄与する　□위험성 危険性　□노화 老化

※ [46-47] 次を読んで問題に答えなさい。（各2点）

　　B定年になって引退すると所得がなくなったり、大幅に減少したりする
ため、安定的な老後生活のための備えが必要である。（　㋐　）このために
必要な金融商品が年金である。年金には国が保障する国民年金、企業が保障
する退職年金、個人が備える個人年金がある。（　㋑　）A国民年金は個人
の老後生活に必要な最低限の生活費を保障するため、国家的に実施する制度
である。満18歳以上60歳未満の者は義務的に加入しなければならない公
的年金である。（　㋒　）老後生活に備えた貯蓄（金融）商品の一種であり、
証券会社を除いたすべての金融会社で加入できる。（　㋓　）★退職年金の
場合、企業が役職員の老後所得を保障するために在職中に退職給与（退職金）
を別途金融機関に積み立てて、従業員が退職するときに一時金または年金の
形で支給する。

46. 上の文章から〈例〉の文が入るのに最適な箇所を選びなさい。

例

これに比べ、個人年金は個人の希望によって加入する私的年金である。

---

① ㋐　　② ㋑　　③ ㋒　　④ ㋓

正解 ③

〈例〉は個人年金について説明している。文の前半部の 이에 비해（これに
比べ）から、〈例〉の前には個人の希望によって加入するのではない他の
年金に関する説明が来ることが推測できる。（　㋒　）の前に義務的に加
入しなければならない国民年金に関する説明が出てくるので、正解は③。

47. 上の文章の内容と一致するものを選びなさい。
① 個人年金は義務的に加入しなければならない。
② 退職年金は企業が支給する形の年金である。
③ 国民年金を望まない人は解約できる。
④ 定年になれば大きな所得を得るため、老後を準備する必要はない。

正解 ②

① → **A**から、義務的に加入しなければならないのは、国民年金だとわかる。

② → ★正解

③ → **A**で、義務的に加入しなければならないとあり、解約できるとは述べられていない。

④ → **B**で、定年になると引退後に所得がなくなったり、大幅に減少したりすると述べられている。

単語 □은퇴 引退　□소득 所得　□노후 老後　□대비 備え
　　　□금융 金融　□연금 年金　□보장하다 保障する
　　　□의무적 義務的　□임직원 役職員

※ ［48-50］ 次を読んで問題に答えなさい。（各2点）

　A平等法とは性別、障害、年齢、出身国、宗教などのあらゆる要素を問わず人間は誰もが尊重されて当然の存在であり、これによって誰でも自分ではない他の人から差別を受けてはならないということを強く主張する法案である。国によっては差別禁止法、人権法、民権法、一般平等待遇法などのさまざまなことばで呼ばれているが、**C**すべての人間に同等の権利と尊敬を示すという基本的な趣旨は同じである。

　より具体的に見てみると、平等法は家族の形態や言語、性的アイデンティティ、または指向、病歴などの数多くの要素を差別の根拠にしてはならないと表明している。一部の政治集団の反対で長い間制定が先送りされてきたが、**B**平等法についての議論が始まって10年で実を結んだ。

　ケースによって異なる処罰が下されることはあるが、基本的に平等法に違反する言動をしたからといって、すべての場合が処罰の対象になるわけではない。**D**平等法は処罰を下すことが究極的な目標ではなく、社会構成員の認識を高めて（　　　）、より同等で暮らしやすい社会を作ることに目的がある。★したがって、平等法は各社会構成員の価値を認識し、私たちが日常的に行う数多くの言動の中にどのような差別が隠されているのかを地上に引き

上げ、認識の改善と転換につながるようにする礎といえる。

48. 上の文章を書いた目的として適切なものを選びなさい。

① 平等法の発議の意義を説明するため

② 平等法をさまざまな実例を分析するため

③ 平等法の限界点と発展の可能性を論じるため

④ 平等法に違反した場合に下される処罰を具体化するため

正解 ①

平等法の定義と制定の目的について書いた文章。文章の目的を把握するため、文章の後半部を細かく読む。Ａで平等法の基本的な概念を説明した後、筆者はＢで平等法の制定を肯定的に評価している。続いて★で平等法の制定の意義を述べているので、正解は①。

49. （　　　）に入る内容として最も適切なものを選びなさい。

① 処罰を強化することで

② 集団意識を高めることで

③ 個々人の価値尊重を強調することで

④ 人種差別論議に強く対応することで

正解 ③

Ａ平等法は差別を防止するための法である。

Ｃすべての人間は同等であるというのが基本趣旨である。

→ Ｄ平等法は処罰を下すことが究極的な目標ではなく、この社会構成員の認識を高め、（個々人の価値尊重を強調することで）、より同等で、暮らしやすい社会を作ることに目的がある。

50. 下線を引いた部分に表れている筆者の態度として適切なものを選びなさい。

① 平等法の発議に時間がかかりすぎたのはやや時間の無駄である。

② 平等法に対する否定的な見解があったが、結局は制定された点を肯定的
に捉えている。

③ 平等法の発議に反対していた集団に、もっと強く反発できなかったこと
について批判している。

④ 平等法に反対する人々の意見をすべて受け入れることができなかったこ
とが今回の発議の限界点である。

正解 ②

A 平等法は差別を防止するための法である。

C すべての人間は同等であるというのが基本趣旨である。

→ 筆者は下線部で、先送りにされていた平等法が制定されたことを肯定
的に評価している。したがって、正解は②。

単語　□평등 平等　□성별 性別　□장애 障害　□종교 宗教
□막론하다 問わない　□존중 尊重　□차별 差別
□동등하다 同等だ

解答（配点は各2点）

1	①	2	②	3	②	4	③	5	①	6	②	7	④	8	③	9	④	10	④
11	③	12	③	13	①	14	①	15	③	16	③	17	④	18	④	19	③	20	②
21	②	22	①	23	②	24	②	25	①	26	③	27	④	28	①	29	①	30	②
31	④	32	④	33	④	34	①	35	②	36	④	37	③	38	④	39	①	40	④
41	③	42	③	43	②	44	③	45	②	46	①	47	④	48	①	49	②	50	④

※ [1-2]（　　）に入る最も適切なものを選びなさい。（各2点）

1. 開発が続くにつれ、地球温暖化現象は（　　）ひどくなっている。
① ますます　　② 行くように
③ 行ったら　　④ 行ったり

正解 ①

「地球温暖化現象」という内容が「ひどくなっている」の間に入る内容として、〈変化〉の程度を強調する副詞の 갈수록（ますます）を選ぶのが適切である。

2. 明日、クラスの友達と一緒にチキンを（　　）。
① 食べているところだ　　② 食べることにした
③ 食べるほうだ　　　　　④ 食べたことがある

正解 ②

「明日」、「クラスの友達と一緒に」という部分から、何人かで一緒に決めた計画を表す -기로 했다（～ことにした）を選ぶのが適切である。

※ [3-4] 次の下線を引いた部分と意味が似ているものを選びなさい。
（各2点）

3. 雨がたくさん降ったので、試合が中止になった。
① 降ったついでに　　② 降ったせいで
③ 降る代わりに　　　④ 降り次第

> 正解 ②
> -는 바람에（～ので、～せいで）は前の内容が後の否定的な結果の〈原因〉
> であることを示す文法表現である。したがって、選択肢の中で最も似てい
> る文法表現である -(으)ㄴ 탓에（～せいで）を選べばよい。

4. 今度の試験の成績は（自分の）努力にかかっている。
① 努力するらしい　　② 努力するだけだ
③ 努力次第だ　　　　④ 努力しがちだ

> 正解 ③
> -에 달려 있다（～にかかっている）は -에（に）に来る対象や行動がその
> 主語と関連した結果に大きな影響を及ぼすことを示す文法表現である。し
> たがって、選択肢の中で同じ役割をする -기 나름이다（～次第だ）を選ぶ
> のがよい。

※ [5-8] 次は何に関する文であるのか選びなさい。（各2点）

5.
> **長時間の業務や勉強も平気にさせる科学の力！**
> **大切なあなたの腰、私たちと一緒に守りましょう。**

① 椅子　　② 照明　　③ 机　　④ ベッド

191

正解 ①

「長時間の業務や勉強、腰、守りましょう」というキーワードから、長時間の仕事などによる腰への負担を減らすものであることがわかる。

単語　□장시간 長時間　□업무 業務

6.

一人暮らし用の野菜と果物の商品が登場！
24時間、空腹のときは家の近くで見つける私だけの楽しみ！

① 食堂　　② コンビニ　　③ デパート　　④ クリーニング店

正解 ②

「一人暮らし用、野菜と果物の商品、24時間、家の近く」というキーワードから、一人暮らしに向けた野菜と果物の商品を売っていて、24時間営業している場所であると推測できる。

単語　□가구 世帯　□맞추다 合わせる　□상품 商品

7.

青信号があなたに挨拶するまで
誰もいなくても良心を守りましょう。

① 自然保護　　② 電気節約　　③ 健康管理　　④ 交通安全

正解 ④

「青信号、誰もいなくても良心を守りましょう」というキーワードから、交通安全に関する内容だとわかる。

単語　□인사 挨拶　□양심 良心　□지키다 守る

8.

> ■ 下段の小さいボタンをとがっているもので押して初期化します。
> ■ 画面に数字が表示されたら、上段にあるボタンを長押しします。
> ■ 午前・午後、時間、曜日の順に設定した後、10秒間待ちます。
> ■ 現在時刻に正しく設定されていることを確認した後にご使用ください。

① 購入に関する問い合わせ　　② 電気節約
③ 使用方法　　　　　　　　　④ 受付方法

正解 ③

「初期化、設定、確認した後にご使用ください」というキーワードから、製品の使用方法に関する内容であるとわかる。

単語　□설정하다 設定する　□확인하다 確認する

※ [9-12] 次の文章またはグラフの内容と一致するものを選びなさい。
（各2点）

9.

第5回　世界ビール祭り

> ■ 期間　　　　　B2022年7月10日(土)～7月21日(水)
> ■ 場所　　　　　中央公園広場
> ■ イベント内容　★世界のビール無料試飲やさまざまな体験イベント
> ■ 入場料　　　　A2万ウォン
>
> ※体験をご希望の方は、C祭りの当日、現場（会場）にて直接お申し込みください。

① 祭りは無料で楽しめる。
② 祭りは7月の1カ月間行われる。
③ 体験を希望する人は事前に予約しなければならない。
④ 祭りでは世界各国のビールを無料で飲んでみることができる。

① → Aから、入場料2万ウォンを払わなければならないとわかる。

② → Bから、祭りは12日間行われるとわかる。

③ → Cから、イベントは会場で直接申し込むことがわかる。

④ → ★正解

単語 □무료 無料 □시음 試飲 □체험 体験 □입장료 入場料
　　　 □당일 当日 □현장 現場 □직접 直接

10.

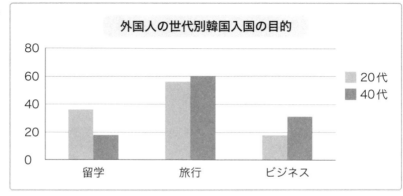

外国人の世代別韓国入国の目的

① 20代は留学を目的に韓国に入国した割合が最も高い。

② 20代と40代はいずれもビジネス目的で入国した割合が最も低い。

③ 旅行よりビジネス目的で韓国に入国した40代の外国人が多い。

④ 旅行を目的に入国した人の割合は20代より40代のほうが高い。

① → グラフから、旅行を目的に入国した割合が最も高い。

② → グラフから、40代は留学を目的に入国した割合が最も低い。

③ → グラフから、ビジネスより旅行を目的に入国した40代の外国人が
　　　多い。

単語 □세대 世代 □입국 入国 □목적 目的 □사업 ビジネス

11.

　脱出ゲームカフェは B 部屋に閉じ込められた人々がいろいろな手がかりを探しながら推理して脱出する遊びの空間である。もともと米国やヨーロッパなどでイベント形式で開かれていたもので、ビデオゲームのジャンルの中の脱出ゲームを現実に再現したものである。 C 2010 年代に入ってカナダ、中国、韓国で人気を集めた。★韓国では 2015 年にソウルの弘大および江南を中心に始まり、現在 180 以上の店舗が運営されている。 A 脱出する部屋の構造は一つの部屋のこともあれば、複数の部屋が続くこともあるので、手がかりのための問題を解くときに適切な時間配分が必要である。

① すべての脱出ゲームカフェは一つの部屋のみ脱出すればよい。
② 脱出ゲームカフェはパソコンでビデオゲームをする場所である。
③ 2015 年から韓国で活発な店舗運営が行われている。
④ 2010 年代に入って米国で脱出ゲームカフェが人気を集めた。

正解 ③
① → A から、脱出する部屋は複数の部屋が続くこともあるとわかる。
② → B から、部屋に閉じ込められた人々がいろいろな手がかりを探しながら推理して脱出する遊びの空間であるとわかる。
③ → ★正解
④ → C から、2010 年代に入ってカナダ、中国、韓国で人気を集めたとわかる。

単語 □탈출 脱出　□단서 手掛かり　□추리 推理
　　 □재현하다 再現する　□운영 運営　□이어지다 続く（繋がる）
　　 □분배 配分

12.

　 B ブロッコリーはさまざまな栄養素を含んでいるので健康をよく管理することができる。視力を強化し、身体を解毒することができ、血圧調節に役立つ。さらに、早期老化が予防でき、★心臓の健康を向上させることができる。

C このようなブロッコリーは、焼いたり揚げたりせず、蒸し器で蒸して食べるのが最も栄養成分を保存しながら効率的に食べられる方法である。また、**A** ブロッコリーの頭の部分だけを食べるのではなく、茎の部分も一緒に摂取してこそ、すべての成分をバランスよく摂取できる。

① ブロッコリーの茎の部分は食べてはいけない。
② ブロッコリーは一つの栄養素だけを備えている野菜である。
③ ブロッコリーは心臓の弱い人に役立つ。
④ ブロッコリーを焼いて食べると栄養成分が保存できる。

正解 ③

① → **A** から、茎の部分も一緒に摂取すれば、まんべんなくすべての成分が摂取できるとわかる。

② → **B** から、さまざまな栄養素を含んでいるとわかる。

③ → ★正解

④ → **C** から、蒸して食べるのが一番栄養成分を保存することができるとわかる。

単語　□포함하다 含む　□관리하다 管理する　□해독 解毒
　　　□조절 調節　□조기 早期　□노화 老化　□보존하다 保存する
　　　□섭취하다 摂取する

※ ［13-15］ 次を正しい順序に並べているものを選びなさい。（各2点）

13.
(가) 最近になってキャンプをする人が増えている。
(나) 他の趣味活動と一緒にできるという長所があるためである。
(다) その上、このように多様な趣味を家族と一緒に共有できる理想的な活動である。
(라) キャンプに行けば、釣り、登山、旅行もできるし、自分で料理して食事もできる。

① (가)-(나)-(라)-(다)　　② (가)-(다)-(나)-(라)

③ (라)-(가)-(나)-(다)　　④ (라)-(다)-(가)-(나)

正解 ①

(가) は最近キャンプをする人が増えたというトピック、(라) はキャンプ
の長所を説明している内容である。最初に来る文としては、いきなり長所
について述べるよりも、社会的背景とともに「キャンプ」を紹介する内容
である (가) が適切である。(나) は「キャンプが他の趣味と一緒にでき
るという長所があるため」という「理由」を述べており、これが (가) の
「キャンプをする人が増えている」理由となるため、(가) のすぐ後ろに (나)
が来るのが自然である。よって、正解は①。

単語　□캠핑 キャンプ　□장점 長所　□게다가 さらに
　　　□공유하다 共有する　□이상적 理想的

14.

(가) 文化によって心地よさを感じる距離が違う。

(나) 一方、西洋では他人と近づくと気まずさを感じる。

(다) まず、東洋では他人との近い距離を通じて親しみと心地よさを感じる。

(라) このような違いは葛藤を起こすこともあるので、互いに文化を理解し
　　 ようとする態度が必要である。

① (가)-(다)-(나)-(라)　　② (가)-(라)-(다)-(나)

③ (다)-(가)-(라)-(나)　　④ (다)-(나)-(가)-(라)

正解 ①

(가) は文化によって心地よさを感じる距離が違うというトピックを述べ
ている文、(다) は 먼저（まず）から始まり東洋に関する内容を述べてい
る文である。「まず」は前述されたことに関連する内容が複数あるとき、
それらを順番に述べるために使われる表現なので、最初の文として適切で

はない。（나）は 반면에（一方で）から始まり西洋に関する内容を述べている。文の内容や接続語の役割から、（다）の次に（나）が続くのが自然である。よって、正解は①。

単語　□반면 反面、一方　□서양 西洋　□타인 他人　□동양 東洋

□친밀감 親しみ、親近感　□갈등 葛藤　□태도 態度

15.

(가) 회의의 結果、今回의 研修旅行은 外国에서 行うことで意見が一致した。

(나) しかし、何人かの総務部の従業員は研修旅行の費用の問題のため反対した。

(다) 会社の従業員たちが午前中に研修旅行の日程と場所について会議を開いた。

(라) 海外研修旅行を行うと、他のプロジェクトの予算に問題が生じると考えたからである。

① （가）-（나）-（다）-（라）　② （가）-（다）-（라）-（나）
③ （다）-（가）-（나）-（라）　④ （다）-（라）-（가）-（나）

正解③

（가）は会議の結果について述べている文、（다）は会社の従業員が午前中に会議を開いたという文である。（가）は（다）の「会議を開いた」という情報の後に来るのが自然なため、（다）が最初の文となる。（라）の「海外研修旅行を行うと…」という箇所から、これより前に「海外研修旅行」に関する内容が出ていなければならないとわかる。また、「予算に問題が生じると考えた」という箇所から、費用に対する反対や懸念の内容がこれより前に出てこなければならないとわかる。よって、正解は③。

単語　□워크숍 研修旅行　□모으다 集める　□몇몇 何人かの
□반대하다 反対する　□열다 開く　□예산 予算

※ [16-18] 次を読んで（　　）に入る内容として最も適切なものを選びなさい。（各2点）

16.

　ある動物保護団体の調査結果によると、最近は A 愛玩動物という言葉の代わりに伴侶動物という表現を好む人が急激に増えていることがわかった。 B 彼らは伴侶動物を単純に人と一緒に暮らす可愛い「愛玩」の対象と見なさず、完全な家族の構成員として考える。 C 動物も家族の一員として受けとめようとする（　　　）現象と考えられる。

① 問題点が強調された
② 強迫から始まった
③ 認識の転換によって起きた
④ 考え方の退化によって引き起こされた

17.

　A 人間は通常、3週間ほど経つと過去に関する記憶が美化され始める。もちろん事件の深刻さ、当事者の心理状態に及ぼした影響によっては、ひどい場合には心的外傷後ストレスや適応障害、不安障害などを引き起こす場合もあるが、 C 一般的な事件に限定した場合、3週間後を起点に（　　　）否定的な記憶は小さくなり、肯定的な記憶がより拡大する過程を経て、記憶の貯蔵庫に残される。したがって B 「時間が薬である」という言葉は科学的な根拠のある表現である。

① 記憶をすべて削除して
② 当時の記憶を再構成して
③ 他人の記憶に置き換えられて
④ 記憶の時間的な流れが入り混じって

正解 ②

Ａ 人間は通常3週間ほど過ぎると記憶が美化され始める。

Ｂ 「時間が薬である」という表現は科学的根拠がある。

→ なぜなら、Ｃ 一般的な事件に限定した場合、3週間後を起点に（当時の記憶を再構成して）否定的な記憶は小さくなり肯定的な記憶がより拡大する過程を経るからである。

単語　□과거 過去　□기억 記憶　□미화되다 美化される　□심리 心理
　　　□상태 状態　□한정하다 限定する　□확대되다 拡大する
　　　□과학적이다 科学的だ

18.

　Ａ あまりにもはっきりと認知している単語は文字の順序を変えて書いても本来その単語の表記通りに読まれる。例えば、「訓民正音」を「訓正民音」と書くと、大概の人は間違っていることを知りながらも「訓民正音」と読んだり、間違っていることさえ気づかずに「訓民正音」と読む。これはＣ 脳に保存されて（　　　）語彙に対する認知が、誤った表記も正しい表記として読ませるためである。したがって、Ｂ 一度記憶した単語は綴りが間違って書かれていても、元の綴り通りに読むようになる。

① 習得したばかりの
② 新しく再構成された
③ 使い方によって再分類された
④ すでに確実に定着している

正解 ④

A 確実に知っている単語は文字の順序を変えても元の単語の表記通りに読まれる。

B また、一度覚えた単語は綴りが間違っていても元の単語の綴り通りに読む。

→ なぜなら、**C** 脳に保存されて（すでに確実に定着している）語彙に対する認知が、誤った表記でも正しい意味として読ませるためである。

単語 □인지하다 認知する □표기 表記 □틀리다 間違える、誤る
□어휘 語彙 □기억하다 覚える □철자 綴字

※ ［19-20］次を読んで問題に答えなさい。（各２点）

B かんたん決済とは財布からプラスチックのカードを取り出さなくてもオンライン・オフラインで決済できるサービスを意味する。従来のモバイル決済は*キーボードセキュリティプログラムなどさまざまなプログラムをインストールし、毎回カード情報や個人情報を入力しなければならなかったため複雑であった。（　　　）★かんたん決済はこのような煩わしさを減らすために複雑な段階をなくした。**C** カード情報を一度入力すると、次回使用するときは ID とパスワード、SMS などを利用して、簡単な認証だけでも手軽に決済できる。このような **A** かんたん決済サービスは、韓国市場だけでなく世界市場でも次第に拡大する見通しである。

*キーボードセキュリティプログラム：キーボードで入力した ID やパスワード、クレジットカード情報、口座情報などの機密情報を安全に守るプログラム

19.（　　　）に入る適切なものを選びなさい。
① また　　② そして　　③ しかし　　④ さらに

20. 上の文章の内容と一致するものを選びなさい。

① かんたん決済サービスは韓国市場でのみ拡大されるだろう。

② かんたん決済は、従来のモバイル決済の複雑さを簡素化した。

③ かんたん決済はプラスチックのカードを通じて決済するサービスをいう。

④ かんたん決済サービスを使用する度にカード情報を入力しなければなら
ない。

※ [21-22] 次を読んで問題に答えなさい。（各2点）

運転者が酒を飲んだことを知っていながら車を運転できるように自分の車
を貸したり、飲酒した運転者が運転する車に一緒に乗った場合などには飲酒
運転ほう助罪が成立する。多くの人が、飲酒運転ほう助罪は直接飲酒運転を
したわけではないので軽い処罰になると勘違いしているかもしれない。酒を

飲んだことを知っていながら（　　　）罰金刑を宣告されるが、状況によって
は飲酒した運転者よりさらに大きな処罰を受けることもある。★そのため、
飲酒運転ほう助罪で処罰されないよう注意しなければならず、不当に飲酒運
転ほう助罪で処罰されるようなことになれば、運転者の飲酒運転を積極的に
止めたことが立証できる客観的な証拠を確保しなければならない。

21.（　　　）に入る適切なものを選びなさい。
① 目が高ければ
② 目をつぶってしまったら
③ 耳を傾ければ
④ 道の覚えが悪ければ

正解 ②
空欄前の「酒を飲んだことを知っていながら」と空欄後の「罰金刑を宣告
されるが、…」という内容から、空欄には「知らないふりをした」といっ
た内容が適切だと考えられる。したがって、「知らないふり、見ないふり
をする」という意味の表現である②が適切。눈이 높다 は「目が肥えている、
水準が高くて良いものばかり求める」、귀를 기울이다 は「耳を傾ける」、
길눈이 어둡다 は「方向音痴だ」という意味。

22. 上の文章の中心となる考えを選びなさい。
① 飲酒運転ほう助罪で処罰されないように注意しなければならない。
② 本人が飲酒運転をしていないという証拠を確保しなければならない。
③ 飲酒運転ほう助罪は常に飲酒した運転者より軽い処罰を受けなければな
らない。
④ 酒を飲んで運転する人と一緒に車に乗ると、ほう助罪が成立する。

正解 ①
この文章は飲酒運転ほう助罪に関するものである。文章の中心となる考え

は後半部で述べられる場合が多い。★で「飲酒運転ほう助罪で処罰されないよう注意しなければならず、処罰されると飲酒運転を積極的に止めたということが立証できる証拠を確保しなければならない」という内容が出てくるため、選択肢の中で最も似ている①が正解。

単語 □방조죄 ほう助罪 □성립되다 成立する
　　 □처벌되다 処罰される □벌금형 罰金刑
　　 □선고받다 宣告される □증거 証拠 □확보하다 確保する

※［23-24］次の文章を読んで問題に答えなさい。（各2点）

　Ａ貧しい田舎町、小さな本屋の娘だった私は、このように生まれたのが悔しいと言っても過言ではないほど不細工なのに加えて、さらにニキビはどうしてあんなにたくさんできたのか…。顔だけでは足りずに首までできたニキビを隠そうと、髪を伸ばし自分だけの防御膜のようにして、頭を下げて歩いていた。Ｂ★学校に行けば、男の子たちは不細工だとからかい、女の子たちは私のニキビが気持ち悪いと言い、自分たちだけで集まってひそひそ話をしていた。学生時代は毎日が地獄だった。

　しかし、私にも唯一の味方がいて、それは本だった。Ｃどのみち友達もいなかったが、家があまりにも貧しくて外に出て何かができる立場ではなかったため、書店に閉じこもって読むことだけが私が味わえる唯一の娯楽だった。Ｄそんなある日、本屋によく来ていたお客さんが本屋の隅に閉じこもって読書に熱を上げていた私に本を一冊差し出した。私はウサギの目をして黙ってその客を見上げた。

　「いつもここで本を読んでるよね？　私の本を買うついでにあなたの本も一緒に買ったの。受け取ってね。」

　「え…？」

　「新しい本を汚さずに読むのは大変じゃない。プレゼントだと思って気軽に受け取ってね。」

　「あ、はい…ありがとうございます。」

　はるばる他の地域の小都市から田舎の村役場に辞令を受けてやってきたそ

のお姉さんも、知り合いが一人もいない他所の土地で唯一の友人が本である人だった。そのようにして私たちは友達になり、 E お姉さんが他の地域に辞令を受けて転勤するときまで、しばらく本の仲間として一緒に過ごした。

23. 下線を引いた部分に表れている「私」の心情として適切なものを選びなさい。

① もどかしい　　② 戸惑っている　　③ 困っている　　④ 渇望する

正解 ②

A B 「私」は貧しい田舎町の小さな本屋の娘として生まれ、学校でいじめられていた。

C 書店で本を読むことが唯一の娯楽だった。

D ある日、書店によく来ていたお客さんが「私」に本を渡した。

→ それで、「私」は驚いた表情で本をくれたお姉さんを見つめているので、正解は②。下線の 토끼 눈을 하다 （ウサギの目をする）は「目を丸くする」という意味の表現。

24. 上の文章の内容と一致するものを選びなさい。

① この人物は卒業後、田舎で書店を経営した。

② この人物は学生時代、いじめでつらい時間を過ごした。

③ この人物は本屋で本を読むことで人々と交流しようとした。

④ この人物に本をあげた人は今も本屋の近くに住んでいる。

正解 ②

① → A この人物の両親が本屋を経営していた。

② → ★正解

③ → この人物は本屋で一人で本を読んでいた。

④ → E 本をくれた人は、その後、辞令を受けて他の地域に転勤した。

※ [25-27] 次の新聞記事の見出しを最もよく説明しているものを選びなさい。
（各2点）

25. 新型インフルエンザ集団免疫のための予防接種、1000万人突破

① 新しい種類のインフルエンザの拡散を防ぐために実施した予防接種を1000万人以上の人が受けた。

② これまで流行していたインフルエンザの再拡散を防ぐため、1000万人に予防接種を行う予定である。

③ インフルエンザが拡散することを防ぐために、1000万人以上収容可能な接種会場が設けられた。

④ これまで研究対象ではなかった種類のインフルエンザを研究するために1000万人に接種した。

正解 ①

「予防接種」、「1000万人突破」から、新型インフルエンザに対する予防接種を受けた人が1000万人を超えたことだとわかる。したがって、正解は①。

26. 海外でも人気満点、外国人の味覚を虜にした「海苔」

① 「海苔」の生産量が大幅に増え、海外輸出が急増した。

② 外国人の口に合う海苔を輸出用に作った。

③ 国外でも「海苔」の味が好評を博し、関心を集めている。

④ 国内では販売が低迷していた「海苔」が海外では人気が高くなった。

正解 ③

「人気満点」、「虜にした」から、海苔が海外でも人気が高く、外国人の口を魅了していると解釈できる。したがって、正解は③。

単語　□입맛 味覚　□사로잡다 虜にする

---

27. 学校で誰も彼もブランド品を誇示、奇異で過剰な消費の流行で親の腰はふらふら

① 学校でブランド品の購入を促す教育が行われ、親から抗議を受けた。
② 贅沢品を誇示することが学校生活で友達を作る新しい方法になった。
③ ブランド品がなければ、学校生活に困難があると訴える生徒が増えている。
④ 高価なブランド品の購入が生徒の間で流行し、親の経済的負担が大きくなった。

正解 ④

허리가 휘청하다（腰がふらつく）は、「困窮する、経済的に苦しい」という意味の表現である。学校で多くの生徒がブランド品を誇示していることを「奇異で過剰な消費」と表現しており、生徒たちの不適切な消費文化により両親が経済的負担を感じているということと解釈できる。したがって、正解は④。

単語　□과시 誇示　□기이하다 奇異だ
　　　□휘청이다 ふらつく、よろよろする

※ [28-31] 次を読んで（　　）に入る内容として最も適切なものを選びなさい。（各2点）

28.

Ａ精進料理が再び脚光を浴びている。寺院だけで食べる料理と思われていた精進料理はスローフード、*ウェルビンフードのブームに支えられ、健

康的な食べ物の代名詞として位置づけられている。また、B単に食べることにとどまらず、身体の健康だけでなく、敬けんな姿勢で材料を丁寧に準備する調理過程を通じてC（　　　）精進料理の人気は国内外に急速に広まっている。また、最近になって菜食主義者の増加とともに韓国料理として生まれ変わった菜食という新しい可能性が提示されており、精進料理の広がりが期待される。

*ウェルビン：well-being からできた言葉で、健康的で幸せな生活のための
　　　　　という意味。

① 心の安定まで得られる
② 強迫症状を和らげる
③ 調理方法を体系的に身につけられる
④ 自信の回復に優れた効果がある

29.
　Aきれいな写真を撮ろうとダウンロードしたアプリケーションのせいで、個人情報が海外に流出していることを知っているだろうか？ 化粧をしなくても、飾らなくても、写真だけ撮れば、B数回のクリックで化粧の効果が

出せるだけでなく、背景まで美しい旅行地に変えてくれるアプリケーションは、若者層を中心に大きな人気を集めている。B しかし、このような海外のアプリケーションがユーザーの個人情報をすべて盗み出し、海外に流出する被害事例が続出している。C 仮想の美しさが果たして自分の個人情報よりもっと大切なのか（　　）ことである。

① もう一度考え直すべき
② 知人に助言を求めるべき
③ 細かい分析が行われるべき
④ さまざまな業界が一緒に悩むべき

正解 ①

A きれいな写真が撮れるアプリケーションをダウンロードした人々の個人情報が流出した。

B このアプリケーションは仮想の化粧をすることもでき、背景を変えることもできるが、ユーザーの個人情報を海外に流出し、被害を与えた。

= C 仮想の美しさが果たして自分の個人情報よりもっと大切なのか（もう一度考え直すべき）ことである。

単語 □개인정보 個人情報　□유출 流出　□빼내다 盗み出す
　　　□가상 仮想　□소중하다 大切だ

30.

A ミラーリング効果はまるで鏡を見ているように好感を持っている相手の行動や言葉を無意識に真似する行為である。ところが、このような言動の複製は互いの身振りや C 言語、動作を似せて繰り返すことで相互の信頼感が形成され（　　）効果があるという。そのため、関心がある相手と会話をするときは、B 相手の言葉や行動を鏡のように真似してみてはどうだろうか？　愛につながる近道になる可能性が高い。

① 家族のように感じられる

② 好感につながる

③ 会話がより簡単につながる

④ 相手の心を読める

正解 ②

A ミラーリング効果は相手の行動や言葉を無意識に真似する行為である。

B ミラーリング効果を利用すれば、愛が生まれる可能性がある。

→ C 言語、動作を似せて繰り返すことで相互の信頼感が形成され（好感につながる）効果がある。

単語 □호감 好感　□무의식적 無意識的　□복제 複製
　　　 □유사하다 類似する　□상호 相互　□신뢰 信頼

31.

　腸の健康を守るために多くの人が摂取する A ヨーグルトを食前に食べたり、軽い夜食として夕食後に食べる人が多い。しかし空腹時に食べる場合、ヨーグルトの中の乳酸菌が胃酸の妨害を受けて完全に効果が発揮できないことが多い。また、 C 夕食後にヨーグルトを食べると夜の間に胃腸の運動を促進させて（　　）。B 遅い時間に食べ過ぎると、より疲れてしまうのと似た症状である。したがって、できれば朝食や昼食の後、または食事中に一緒に食べるのが最も望ましい。

① 消化を助ける

② ダイエット効果がある

③ 満腹感を感じさせる

④ 疲労を招くことがある

正解 ④

A ヨーグルトを食前や夕食後に食べる人が多い。

B しかし、夕食後に食べると食べ過ぎてさらに疲れるような症状を起こす。

→ C 夕食後は夜の間に胃腸の運動を促進させ（疲労を招くことがある）。

単語 □섭취하다 摂取する □공복 空腹 □발휘하다 発揮する
□증상 症状 □바람직하다 望ましい

※［32-34］次を読んで内容が一致するものを選びなさい。（各2点）

32.

チャン・ヨンシルは朝鮮（時代）の世宗時代に多くの業績を残した科学者、技術者であり、天文学者である。A 韓国初の自動水時計である報漏閣の自撃漏を作った。その後も天体観測器具、日時計のような多くの科学的発明品を作った。B 1441年には★降水量の正確な測定のための器具製作を行い、世界初の雨量計である測雨器を発明したりもした。しかし翌年、C 世宗が温泉旅行に行くときに乗って行く輿をチャン・ヨンシルが製作したが、輿が壊れる事故が起きて罪人となり、以後歴史から姿を消した。

① チャン・ヨンシルは自動日時計の自撃漏を発明した。
② チャン・ヨンシルは1441年に韓国初の天体観測器具を作った。
③ チャン・ヨンシルは自分が乗って行く輿に問題が生じて罪人になった。
④ チャン・ヨンシルは雨の量を正確に測定できる器具を初めて作った人である。

正解 ④

① → A から、自動水時計の自撃漏を発明したとわかる。
② → B から、世界初の雨量計である測雨器を発明したとわかる。
③ → C から、世宗が乗る輿をチャン・ヨンシルが製作したが、問題が生じたとわかる。
④ → ★正解

単語 □업적 業績 □천문학자 天文学者 □최초 最初 □관측 観測
□발명품 発明品 □강수량 降水量 □측정 測定 □가마 輿

33.

　ウォルセとは、家を借りて使う（住む）対価として毎月家主に支払わなければならないお金（家賃）のことをいう。韓国の住宅制度は**C**家主に毎月一定のお金を支払うウォルセ、**A**家主に２年に１度お金を払って再び引っ越すときに返してもらえるチョンセ、大金をかけて家を自分の所有物として買うメメ（売買）に大きく分けられる。入居者の状況によって好まれる住宅制度はそれぞれ異なるが、**B**通常、ウォルセよりはチョンセを好み、チョンセよりはメメを好む。しかし、★韓国の若い世代の多くは月ごとに払う費用が多くかかってもウォルセを選ぶ。ウォルセと比べると、はるかに高いチョンセのお金やメメのお金を用意するのが容易ではないためである。

① 他人から家を買うことをチョンセという。
② 韓国社会では多くの人が通常、ウォルセを好む。
③ ウォルセは家主に２年に１度だけお金を払えばよい。
④ 若い世代はメメのお金が負担になるため、ウォルセを選択する。

正解④
① → **A**から、他の人から家を買うのはメメであるとわかる。
② → **B**から、通常、ウォルセよりはチョンセを好み、チョンセよりはメメを好むとわかる。
③ → **C**から、毎月一定のお金を支払わなければならないとわかる。
④ → ★正解

単語　□대가 対価　□지불하다 支払う　□주택 住宅
　　　□일정하다 一定する、決まっている　□소유 所有
　　　□마련하다 用意する　□부담 負担

34.

　A高麗時代の陶磁器、金属工芸を調べてみると★華やかで格調高い。特に陶磁器が発達したが、その中で一番美しいのは翡色陶磁器だ。翡色陶磁器

は C 暖かい雰囲気が漂い、柔らかい曲線に象眼模様が調和し、高麗最高の美術品として挙げられる。青磁象眼雲鶴文梅瓶、青磁象眼唐草文水注などが代表的な作品である。 B 金属工芸は銀をまとわせる入絲という独特の技法で製作され、★仏教とともに発達した。

① 高麗時代の金属工芸は華やかで仏教と関係がある。
② 高麗時代の陶磁器は素朴で文様が単純で美しい。
③ 高麗時代の金属工芸は、金をまとわせる独特な方法で作られた。
④ 高麗時代の最も美しい陶磁器を見てみると、冷たい雰囲気が感じられる。

正解 ①
① → ★正解
② → A から、高麗時代の陶磁器は華やかで格調高いとわかる。
③ → B から、金ではなく銀をまとわせていたとわかる。
④ → C で、暖かい雰囲気が感じられると述べられている。

単語 □금속 金属　□공예 工芸　□격조 格調　□감돌다 漂う
　　　□손꼽히다 指折り数えられる　□입히다 着せる、まとわせる
　　　□독특하다 独特だ　□제작 製作

※ [35-38] 次の文章の主題として最も適切なものを選びなさい。（各2点）

35.
　先月実施された人口調査で A 仁州広域市(インジュ)は史上最大の人口減少率を記録し、自治区が編成されて以来、初めて朝安広域市(チョアン)より人口が2万人ほど少なくなり、第2の都市という名前にふさわしくなくなった。一時は観光地と海上貿易で首都に負けない安定した生活基盤を構築していたが、働き口の減少と若年層の移住によって人口が急激に減少し始めた。しかし、 B これは単に仁州広域市だけの問題ではなく、全国的に起きている現象である。首都圏の人口密集により、地方では消滅する日が目前に迫っている農漁村が急激に増加しており、地域不均衡の問題がいつにも増して大きく浮かび上がって

いる。 C 長期的に見ると、地方の小都市の没落は首都圏の没落につながる。もはや他人事のように傍観せず、★中央政権と各地方自治体が協力して人口分散に総力を注がなければならないときである。

① 仁州広域市の人口減少を防ぐために新しい産業基盤を作らなければならない。
② 首都圏に人口が集まる現象を防ぐため、すべての自治区が協力しなければならない。
③ 急激な人口減少は仁州広域市固有の問題であり、地域向けの対策案が必要である。
④ 地方の小都市から大都市に若年層が移住するのは極めて自然な現象である。

正解 ②
主題文が後半部に現れている文章である。 A で仁州広域市が史上最大の人口減少率を記録したと述べている。続いて B 、 C でこれは仁州広域市だけの問題ではなく、小都市の没落は首都圏の没落につながると指摘している。★で人口減少問題を解決するためには中央政権と地方自治体が協力しなければならないと強調しているので正解は②。

単語 □인구 人口 □감소 減少 □이주 移住 □급격히 急激に
□대두되다 浮上する、台頭する □분산 分散

36.
　とりわけ A 図書館や部屋では静かすぎるのがかえって気になり、勉強や仕事に集中できないという人がいる。このような人々はカフェに行ったり、図書館に行ったりしても多少雑音があるところで集中しやすくなるのだが、これはホワイトノイズの影響を受けるからである。一般的に雑音というと耳障りな音を思い浮かべる。しかし、 B ホワイトノイズとは日常生活でよく聞く生活背景音で、聞いていると人によっては安定感を感じ、心と体が楽な状態になる適度な雑音を指す。だからといって、ホワイトノイズを聞くため

に必ず外に出なければならないわけではない。C 最近では実際のカフェで聞きそうな音を集めて映像を制作しアップロードしているサイトや、多様なホワイトノイズを選択して聞けるようにしたアプリケーションなどが制作されている。★ このようなメディアの登場で、ホワイトノイズを聞きながら勉強するために必ず一定の場所に行かなければならないという概念がなくなっている。

① 集中しにくいとき、ホワイトノイズを活用すれば学業効果が上昇する。
② 静かな空間で集中するのが難しい人はカフェを活用することができる。
③ 多様なホワイトノイズを集めて提供する業者は今後発展の可能性が高いだろう。
④ さまざまなメディアの登場で、勉強に集中するために特定の場所にこだわる必要がなくなった。

正解 ④

主題文が後半部に現れている文章である。A であまりにも静かな空間で勉強をすると、かえって集中できないという人がいると述べている。続いて B 、C でこれはホワイトノイズの影響だと説明され、最近はホワイトノイズをどこでも聞くことができるサイトやアプリケーションがあると述べている。★ でホワイトノイズを求めて外に出る必要はなくなったことを改めて述べているので正解は④。

単語　□신경 쓰이다 気になる　□집중하다 集中する　□영향 影響
　　　□일반적이다 一般的だ　□제작하다 制作する
　　　□일정하다 一定だ

37.

海外の有名大学で 30 年をかけて、A 社会的に成功した人とそうでない人の違いを研究した結果、この二つの集団を分ける最も重要な要素は「根気」であることがわかった。当該教育機関の研究チームは 30 年間、大学に在学

中の学生たちにランニングマシンで一定時間走らせたが、🅱自分の限界値で少しでも長く走ろうと耐えていた学生たちがそうでない学生たちより卒業後社会的地位が高かったり、年収が 26% 以上多かったりしたという。同時に驚くべき事実は、★知能は、成功するのに重要な要素ではあるが、決定的な要素ではなかったということである。俗に言う、賢い人でなくても最後まで耐えてやってみるという根気と忍耐が成功の道を開いたのだ。

① 30年以上蓄積された学生たちのデータが成否を分ける核心的な要素である。
② 根気と忍耐は成功するのに重要な要素であるが、知能を上回るほどではない。
③ 一定時間以上走る行為を繰り返すと根気が育てられ、成功に近づくことになる。
④ 成功するためには、やろうとすることをあきらめずに耐える心構えが重要である。

正解 ④

主題文が後半部に現れている文章である。🅰で研究概要を説明し、続いて🅱でランニングマシンで少しでも長く走った学生たちが社会的に成功したという研究結果を述べている。★で成功の決め手は知能ではなく、根気だと強調しているので、正解は④。

単語　□사회적 社会的　□차이점 違い　□끈기 根気　□한계 限界
　　　□버티다 耐える

38.

うつ病を克服するのに何よりも効果的な方法が規則的な生活習慣だということは誰もが一度は聞いたことがあるだろう。しかし、🅰これよりもっと早く、そして長期的に効果を得る方法は一日に一度、必ず外出することである。🅱意識的に規則的な生活をしようと自分自身を自ら締め付けるより、自然に外に出る準備をしながら、（顔を）洗って、ご飯を食べ、準備するこ

とが自然に日常生活への復帰につながるという理由からである。うつ病を患っている多数の人々は無力感を覚え、これが食欲減退や睡眠不足につながるため、**C**体を動かすことで無力感に陥らないようになる。しかし、根本的な憂うつ感退治には運動、対人関係の活性化のような具体的な目標を立てて負担を感じるより★自然に次の行動につながるように地道に努力をするのがより効果的である。

① うつ病を克服するためには、細かい目標を立てなければならない。
② 無力感から始まるうつ病の克服策は規則正しい生活である。
③ うつ病を改善する最も効率的な方法はウォーキングを続けることである。
④ 外出を通じて自然に身体活動を続けながら、憂うつ感を減らすことができる。

正解 ④

主題文が後半部に現れている文章である。**A**でうつ病を克服する良い方法は外出だと述べている。続いて**B**、**C**では外出のために行う準備などによる自然な行動や体を動かすことがうつ病を克服するのに効果的だと述べている。★でこれらのことを再び強調しているので正解は④。

単語 □극복하다 克服する □습관 習慣 □장기적 長期的
□규칙적이다 規則正しい □채비 準備 □복귀 復帰
□식욕 食欲 □근본적이다 根本的だ □자연스럽다 自然だ

※ [39−41] 次の文章で〈例〉の文が入るのに最も適切な箇所を選びなさい。
（各2点）

39.

　主に京畿道と忠清南道で栽培されている韓国の高麗人参は品質が良く、海外輸出量が増加している。（　㋐　）高麗人参栽培は種をまいて約6年が経つと収穫するが、9月に収穫するのが最も良い。（　㋑　）高麗人参の年齢は頭の部分に残っている毎年出てきた茎の痕跡からわかる。（　㋒　）この

ような高麗人参は精神障害、学習、記憶、感覚機能の改善に効能がある。
（　㉣　）

例

このように海外輸出量が増加するにつれ、国内栽培および生産量も増加している。

---

① ㉠　　② ㉡　　③ ㉢　　④ ㉣

正解 ①

〈例〉の文が 이렇게（このように）で始まることから、この前に海外輸出量が増加しているという内容が来ることがわかる。（　㉠　）の前で、韓国の高麗人参の海外輸出量が増加しているという内容が出てくるので、正解は①。

単語　□재배 栽培　　□수출량 輸出量　　□수확하다 収穫する
　　　□흔적 痕跡、跡　□장애 障害　　□개선 改善　　□효능 効能

40.

　現代社会では経済成長が推進されるのにともない、自然開発が活発に進められている。（　㉠　）このような状況の中で、環境破壊によるさまざまな問題点が現れている。（　㉡　）自然と共存しながら豊かな暮らしを享受しようとする「持続可能な発展」、すなわち環境を破壊せずに自然開発が行われることが望ましいという原則には誰もが同意できる。（　㉢　）自然開発と環境保全の方向性をどのように設定するかという問題が現代人の難しい課題になるだろう。（　㉣　）

例

しかし、現実では二つの方向性が衝突するのが見られる。

---

① ㉠　　② ㉡　　③ ㉢　　④ ㉣

正解 ③

〈例〉の文が 하지만（しかし）で始まっているため、この前には「二つの方向性が衝突しない、共存する状況」が述べられるのが自然である。（ ㉝ ）の前に環境を破壊せずに開発が行われる「持続可能な発展」に関する内容が出てくるので、正解は③。

単語 □성장 成長　□추진되다 推進される　□개발 開発　□공존 共存
　　　□지속 持続　□파괴하다 破壊する　□강화되다 強化される
　　　□보존 保存

41.

　이・ジュンホ映画監督の初長編映画「電話」が来週封切りを控えている。（ ㉠ ）「電話」は互いに異なる時間帯に生きる人物それぞれが置かれている難しい場面を切り替えながら話が始まる。（ ㉡ ）イ・ジュンホ監督はどんでん返しを繰り返す展開と実験的技法の短編映画で2020年の映画界に新鮮な衝撃を与え、国内外の映画祭で賞を総なめにした。（ ㉢ ）多くの映画評論家は今回の映画「電話」も良い評価を受けるだろうと予想している。（ ㉣ ）

例

そのため、今回の映画が公開前から国内外の映画界から多くの注目を集めている。

---

① ㉠　　② ㉡　　③ ㉢　　④ ㉣

正解 ③

〈例〉の文が 그래서（そのため）で始まっているので、多くの注目を集めるようになった理由がこのすぐ前に来るのが自然である。（ ㉢ ）の前の文が注目を集めている理由として適切であるため、正解は③。

単語	□장편 長編 □앞두다 控える □처하다 直面する
	□반전 どんでん返し □거듭하다 繰り返す □전개 展開
	□주목 注目 □휩쓸다 総なめにする

※ [42-43] 次の文章を読んで問題に答えなさい。（各2点）

　普通に問題なく通っていた A 会社を辞めて留学に行ったのは 35 歳のとき
だ。収入も悪くなく、かなり名前が知られていた会社だったので、どこでで
も名刺を取り出すのも良かったのだが、通えば通うほど内面を蝕むような虚
しさに耐えることができなかった。 D 就職がうまくいくというので、成績
に合わせて経営学科に入ったが、今でも私はそこで何を学んでいたのかよく
思い出せない。それでもさかのぼれば学生時代の入試勉強はけっこうよくで
きていたおかげで、英語はなんとか基礎実力が身についていたため、留学の
準備をするのに大いに役立った。

　比較文学を勉強しにイギリスへ発つと両親に話したら、母親は寝込んでし
まい、父親は何日も黙り込んでしまった。「幼い頃から文学書が好きなのは
よく知っているから、少し休暇を取って家で一日中本を読みなさい。何日か
そのように休めば気持ちが変わるだろう。」私をなだめたり、正気なのかと
怒鳴りつけたりと、おろおろしている母親を見て、この歳になってこのよう
に親不孝をするべきなのか悩みもしたが、もはや決めた気持ちを自ら消すこ
とはできなかった。また、爆弾宣言をしたときは、すでに留学準備がかなり
進んだ後だった。

　そうして私は結局両親の反対を押し切って 30 代半ばにイギリスに向かっ
た。 B 英語で受けるすべての試験の点数は優れていたが、英語圏で一度も
暮らしたことがなかった私は基本的なコミュニケーションも大変だった。★
すべて理解はできるが、口を開くことができなかった。それでもどうにか授
業は受けたが、発表する日が回ってきたり、ディスカッションをしなければ
ならない授業があれば前日から眠れなかった。

　ある日、講義中に C 教授が私に質問をしたが、その日に限って英語があ
まり聞こえなかった私は理解もできず、何と言えばよいのか返事も浮かば

220

ず、呼ばれたのに顔を伏せていた。<u>頭の中が真っ白になった私は、焦点を失った目で、手は震えてペンを持っていることさえできなかった。</u>教授はそれが自分の授業を受ける態度なのかと怒り、私はその日、家に帰って朝になるまで泣いた。**E**<u>二度とこのような恥辱は経験するまいと心に深く刻み込んだ。そしてその後、卒業するまでその日を思い出し何度も耐えた。</u>

42. 下線を引いた部分に表れている「私」の心情として適切なものを選びなさい。
① 惜しい　　② 悔しい　　③ うろたえる　　④ 気楽だ

正解 ③
A35歳のとき、会社を辞めて留学に行った。
B英語で受ける試験は自信があったが、会話やディスカッションが大変だった。
C教授の質問が聞き取れなかったので、呼ばれても顔を伏せてじっとしていた。
→ 「私」はこのような状況に対して、頭の中が真っ白になったり、手が震えたりしたとことから、③が適切だと考えられる。

43. 上の文章の内容と一致するものを選びなさい。
① この人は35歳になるまで経営学が自分の適性に合っていると思った。
② 学生時代から英語の勉強は頑張ってきたが、現地での会話は容易ではなかった。
③ 両親にあらかじめ伝えずにイギリス留学を準備したため、経済的支援が途絶えた。
④ 講義で英語を使うことに慣れることができず、途中で留学を中断して帰ってきた。

第2回模擬試験（解答・訳）

221

※ ［44−45］ 次を読んで問題に答えなさい。（各2点）

　A丹青匠とは丹青を描く職人を指す言葉で、画師、画工などの名前で呼ばれることもある。寺院や古宮に行けば見ることのできる五方色の美しい絵と文様を作り出す人たちがまさに彼らである。

　C丹青は温度の変化や湿度、降水量の影響で変形しやすい木材建築物の（　　）天然材料で塗ったことが由来である。**D**しかし、時間が経つにつれ最近は建物の保存のために単純に塗るのではなく、各種の顔料を使って彩色をするようになり、假漆、打粉、施彩などの工程を経て華麗で美しい文様と絵を建物に施す。丹青の基本的な枠組みは昔も今も大きな差はないが、昔は中国から持ち込んだ高価な顔料を使用していたのに対し、最近は約20種類の化学顔料を使用するという変化も現れた。

　しかし、時代がいくら変わっても変わらないことがあり、それは丹青を描く職人たちの手である。**B**1970年代の初頭、初めて国が指定した丹青匠が出てきて以降、着実にその道を続けていく職人たちが伝統を守っているが、毎年丹青匠の（資格）保有者は減少しており、伝承の難しさを経験している。そのため、伝統文化保存財団では丹青匠について知らせ、丹青を実際に体験できる文化イベントを開催する予定であり、若者の関心を引くためにSNSでも活発な広報活動を実施しようとしている。★国家レベルの丹青匠の広報

は非常に鼓舞的なもので、持続可能な広報戦略を設けて美しい伝統文化の継承が続くようにすべきである。

44. 上の文章の主題として適切なものを選びなさい。
① 最近、丹青匠の権威失墜に対して積極的な対応が急がれる。
② 気候変動による伝統的な木製建築物の保存と維持に力を入れなければならない。
③ 国家レベルの丹青の広報を着実に続け、伝統文化が伝承されるようにしなければならない。
④ 時代の流れに合う丹青の方法に関する研究が丹青匠を中心に行われなければならない。

> 正解 ③
> 「丹青匠、丹青」が文章で繰り返され、▲で丹青匠の定義を説明している。**B**で毎年丹青をする職人が減っていることが述べられており、続いて★で国家レベルでの広報を通じて丹青匠を知らせることで、伝統文化を継承していかなければならないと述べているので、正解は③。

45. （　　　）に入る内容として最も適切なものを選びなさい。
① 属性をもとに
② 短所を補おうと
③ 利点を強化するために
④ 特性を積極的に活用して

> 正解 ②
> ▲丹青匠とは、寺院や古宮で見られる五方色の絵と文様を作り出す人々である。
> **D**丹青は時代の流れにつれて、建物を保存するために塗ったものから各種の顔料を使って彩色する形に変わった。

→ 言い換えると、**C** 丹青は温度の変化や湿度、降水量の影響で簡単に変形する木材建築物の（短所を補おうと）天然材料で塗ったのが由来である。

単語 □장인 職人 □무늬 模様 □불리다 呼ばれる
　　　□변형되다 変形する　□유래 由来　□화려하다 華やかだ
　　　□지정하다 指定する　□개최하다 開催する
　　　□고무적이다 鼓舞的だ　□홍보 広報

※ [46-47] 次を読んで問題に答えなさい。（各2点）

　モバイルアプリ市場分析サービスで満20歳以上の韓国人スマートフォン利用者を調査した結果、**C** 中古取引プラットフォームの利用者数は対前年比2倍以上増えた。（　㋐　）このように人気を集めている中古取引プラットフォームは、**B** 市場の役割だけでなく温かいコミュニティの役割も担うことになった。（　㋑　）まず近所で中古取引をする人々と互いに町の情報を共有できる機能を導入した。（　㋒　）そして、**A** 自分に不要な物はプラットフォームを通じて隣人に無料で分けることもできる。（　㋓　）★今は中古取引プラットフォームが現代社会の「憩いの場」に拡大して位置づけられている。

46. 上の文章で〈例〉の文が入るのに最も適切な箇所を選びなさい。

┌─例─────────────────────────────────────┐
│ このような結果から最近、韓国社会で中古取引プラットフォームが大き │
│ な成長を見せていることがわかる。 │
└──┘

① ㋐　　② ㋑　　③ ㋒　　④ ㋓

正解 ①

〈例〉の文の最初にある 이러한 결과（このような結果）から、この前には
韓国社会における中古取引プラットフォームの成長を確認することができ
る結果が来るのが自然である。（　㉠　）の前に中古取引プラットフォー
ムの利用者数が対前年比2倍以上増えたという調査結果の内容が出てくる
ため、正解は①。

47. 上の文章の内容と一致するものを選びなさい。
① 中古取引プラットフォームでは無料で品物を分けることができない。
② 最近の中古取引プラットフォームには物を売買する機能しかない。
③ 中古取引プラットフォームの利用者数は前年より2倍以上減少した。
④ 中古取引プラットフォームの機能が拡大したことで、役割と意味もとも
　 に拡大した。

正解 ④
① → Aから、自分に不要な物を無料で分けることもあるとわかる。
② → Bから、市場の役割だけでなく、暖かいコミュニティの役割も果た
　　 しているとわかる。
③ → Cから、対前年比2倍以上増えたとわかる。
④ → ★正解

単語　□중고거래 中古取引　□플랫폼 プラットフォーム　□대비 対比
　　　□공유하다 共有する　□도입하다 導入する
　　　□사랑방 憩いの場、客間　□확대 拡大　□자리 잡다 位置づける

※ ［48-50］次を読んで問題に答えなさい。（各2点）

　他人の同意を得ずに過度の執着を見せたり、プライバシーを侵害してまで
接触を試みる行為を「ストーカー（行為）」という。Aこの数年間、相次い
で発生しているストーカー犯罪がマスコミで報道されて以降、対策が急務で

あるという世論が幾何級数的に拡大し、去る 21 日ストーカー犯罪処罰法が法案として通った。

　これまでストーカー行為に対する具体的な法案がなかったため、（　　）**B** 警告措置で厳重注意されたり、執行猶予のように相対的に軽い刑であった加害者が事の深刻性を認めず再び犯罪を犯すケースが多数報告されている。したがって、**C** この法案ではストーカー行為を犯罪として明確に規定し、これに違反する行為とみなされた場合、6 年以下の懲役または 6 千万ウォン以下の罰金を科す予定である。

　それだけでなくストーカー犯罪の被害者保護と再発防止のためのシステム導入にも拍車をかけており、これは非常に励みになる。ストーカー犯罪の被害者は国家指定の心理支援センターで長期間の心理相談を受けることができ、厳格な管理の下で匿名性が保障される。これとともに、いろいろな機関との緊密な連携を通じて付加的な安全措置を希望する場合、担当保護官を指定して安心帰宅サービス、被害届け直通番号、担当自治区のパトロール強化などを申請することができる。**D** 犯罪の特性上、心理的な苦痛を訴える被害者が多いことを見過ごさず、迅速かつ正確な対応をしてこそ、初犯、再犯の発生率を下げることができるだろう。★ 何よりも今回の法案通過を基点に、徐々に社会全般にストーカー（行為）が深刻な犯罪だという認識を植え付けられるよう力を合わせなければならない。

48. 上の文章を書いた目的として適切なものを選びなさい。
① ストーカー（行為）に対する社会全般の認識の転換を主張するため
② ストーカー犯罪の被害者への安全対策づくりを促すため
③ 現代社会で急増しているストーカー犯罪の原因を分析するため
④ ストーカー犯罪の加害者の処罰を強化するための制度を設けるため

正解 ①
ストーカー行為を防止および処罰する法案について書いた文章である。文章の目的を把握するために、文章の後半部を丁寧に読む必要がある。**A** で法案が通った背景を説明し、**B** でストーカーを犯罪と認識しない社会雰囲

気を指摘している。続いて★でこのような社会雰囲気を変えなければならないと強調しているため、正解は①。

49.（　　）に入る内容として最も適切なものを選びなさい。
① 治安維持のために
② 処罰を受けるべきであるが
③ 各機関が協力して
④ 無罪宣告を受けるために

正解 ②
Ａ ストーカー犯罪への対策づくりが急務であるという世論が急増した。
Ｃ ストーカー犯罪処罰法はストーカー行為を明白に犯罪と規定している。
→ なぜなら、ストーカー行為に対する具体的な法案がないため、（処罰を受けるべきであるが）警告措置での厳重注意のみや、執行猶予のように相対的に軽い刑となる加害者が再び犯罪を犯すケースが多数報告されているためである。

50. 下線を引いた部分に表れている筆者の態度として適切なものを選びなさい。
① ストーカー（行為）の再発防止のための制度づくりが不十分だった政府機関を批判している。
② 新たに施行されるストーカー犯罪再発防止システムの限界点が浮き彫りになり心配している。
③ ストーカー犯罪再発防止システムと被害者報告システムの用意への投資が多少行き過ぎている。
④ ストーカー犯罪の繰り返しを防ぎ、被害者を保護しようとする動きを肯定的に評価している。

正解 ④
Ａ ストーカー犯罪への対策づくりが急務であるという世論が急増した。

C ストーカー犯罪処罰法はストーカー行為を明白に犯罪と規定している。

D それだけでなく、ストーカー犯罪処罰法は、犯罪の特性上、被害者の心理的な苦痛を見過ごさずに、犯罪発生率を下げられるだろう。

→ これに対し、筆者は下線部で、被害者保護および再発防止システム導入を励みになると評価している。したがって、正解は④。

単語　□**타인** 他人　□**사생활** プライバシー　□**침범하다** 侵す
　　　□**대책** 対策　□**시급하다** 急がれる　□**조치** 措置
　　　□**심각하다** 深刻だ　□**범죄** 犯罪　□**피해자** 被害者
　　　□**보호** 保護　□**인식** 認識

著者
イ・ヒョンジ、キム・リナ

日本語翻訳
モク・ジュンス

本書籍の日本国外での販売及び使用を禁止します。
본 서적을 일본국외에서 판매 및 사용하는 것을 금지합니다.

よくわかる 韓国語能力試験 TOPIK II 読解 問題集

2023 年 12 月 19 日　初版第 1 刷発行

著　者　　イ・ヒョンジ、キム・リナ
発行者　　藤嵜政子
発　行　　株式会社スリーエーネットワーク
　　　　　〒102-0083　東京都千代田区麹町 3 丁目 4 番
　　　　　　　　　　　トラスティ麹町ビル 2 F
　　　　　電話　営業　03（5275）2722
　　　　　　　　編集　03（5275）2725
　　　　　https://www.3anet.co.jp/
印　刷　　萩原印刷株式会社

ISBN978-4-88319-932-7　C0087